과정 지향적인 하나님

| 강두원 지음 |

쿰란출판사

과정
지향적인
하나님

| 서문 |

그리스도인들은 국민들로부터 왜 혹독한 비판을 받고 있는가? 개신교와 목사의 사회적 신뢰도는 왜 바닥을 치고 있는가? 이것은 우리가 세상에서의 성공을 목표로 살고 있기 때문은 아닌가? 아니면 교회와 관련된 위법행위들이 많이 발생하고 있기 때문은 아닌가? 이러한 질문들은 지난 몇 년간 내 머릿속을 계속해서 맴돌았던 의문들이다. 그리스도인들은 왜 신뢰의 대상이 되지 못하고 비난의 대상이 되어야 하는가.

나는 개신교의 신뢰도가 심각한 수준으로 저하되는 원인이, 그리스도인들이 세상적인 성공을 목적으로 하는 결과 지향적인 삶을 살고 있고, 또한 그러한 과정에서 많은 위법행위들이 발생하는 데에 있다고 생각한다. '종교인답지 못한' 물질적 욕구와 성공 욕구는 비그리스도인들에게, 심지어 그리스도인들에게조차 실망감을 안겨주고 있다. 더불어 언론은 한국 교회와 관련된 위법행위들을 비중 있게 다루고 있고, 이러한 뉴스를 접하는 국민들은 한국 교회를 신뢰할 수 없는 집단으로 의식적으로 또는 무의식적으로 낙인찍고 있는 것이다.

나는 그리스도인들이 과정 지향적인 삶을 살아야 하며, 그것이 바로 성경적 원리에 부합하는 것이라고 믿는다. 나는 그리스도인들이 성경적 원리에 따라 '착하고 충성된 종'으로 살아갈 때, 현세에서 물질적 보상을 받는 것을 신앙의 대가로 삼아서는 안 된다고 생각한다. 또한 일정한 성과를 획득하는 것도 중요하겠지만, 나는 그것 자체가 우리 삶의 최우선의 목표가 되어서는 안 되며, 적어도 과정에 대한 비중이 결과에 대한 비중을 단 0.1%라도 앞서야 한다고 생각한다. 그래야 구체적인 현실 문제에서 결과보다 과정을 중요시하는 방향으로 의사결정이 이루어질 수 있을 것이다.

  나는 이 책에서 결과 지향적인 신앙의 문제점을 제시하였는데, 특히 한국 교회와 관련된 몇 가지 구체적인 법 위반 사례들을 제시하려고 노력하였다. 이는 그리스도인들이 실제 사례를 접함으로써 위법행위에 대해 좀 더 민감하게 반응하게 되기를 바라는 마음에 따른 것이다. 또한 구체적인 상황에서 위법보다는 준법의 방향으로 나아가기 위해 내가 생각하는 나름의 해결책도 제시해 보았다. 나는 그리스도인들이 과정 지향적인 삶을 삶으로써 세상과 구별될 수 있고, 나아가 국민들로부터의 신뢰를 회복할 수 있다고 확신한다.

  이 책의 주제를 처음 생각하고 원고를 쓰기 시작한 지 벌써 4년이 다 되어 간다. 그동안 원고를 쓰면서 두려운 마음이 늘 있었다. 첫 번째로는, 내가 과연 그리스도인의 삶과 관련된 책을 쓸 정도로 깊은 영성과 폭넓은 성경 지식을 가지고 있는가에 대한 두려움이었고, 두 번째로는, 내가 과연 과정 지향적인 삶을 살아야 한다고 말할 수 있을 정도로, 또한 공정한 절차와 법을 지키는 삶을 살아야 한다고 말할 수 있을 정도로, 세속적인 성공을 중요시하지 않고 공정한 절차와 법을 잘 지키면서 살아왔는지에 대한 두려움이었다.

첫 번째 두려움에 대해서는, 나의 영성과 성경 지식의 부족을 솔직히 인정하고, 오히려 이 책을 쓰면서 더욱 말씀과 기도를 가까이 하는 한편, 이번 기회를 통해 성경을 좀 더 깊이 있게 공부한다는 자세로 극복하고자 하였다.

두 번째 두려움에 대해서는, 사실 아직까지도 자신이 없다. 이 글을 쓰는 지금 순간에도 내 머릿속에는 성공 지향적이었던 나의 삶, 그리고 내가 저질러 왔던 과거의 많은 잘못들이 떠오른다. 그리고 그 기억들은 내 마음속에 큰 부끄러움으로 자리잡고 있다. 여전히 나는 죄인 중의 괴수인 것이다.

그런 차원에서 이 책은 '앞으로 세상에서의 성공을 인생의 주된 가치로 삼지 않을 것이고, 또한 공정한 절차와 법을 잘 준수하며 살겠다'는 나의 의지적 결단이기도 하다. 앞으로 내가 이 책에 쓴 내용대로 삶을 살지 못한다면, 하나님은 언제든지 주변 사람들을 통해서 나를 채찍질하실 것이다. 이 책이 내 삶의 이정표가 되어주기를 진심으로 바란다.

이 책이 나오기까지 많은 사람들의 도움을 받았다. 나의 부모님은 부족하고 실수 많은 나를 신앙으로 양육해주셨다. 부모님의 신앙 교육이 나의 인생의 기준점이 되었고 그 은혜는 평생 갚아도 모자랄 것이다. 그리고 나의 영적 아버지인 성남 나사렛교회 최형영 목사님은 늘 그리스도인으로서의 모범을 보여주셨다. 목사님의 삶의 궤적에서 드러나는 그리스도의 십자가에서 나는 정말 많은 것을 배웠다. 또한 선교원 시절부터 지금에 이르기까지 그리스도인이 감당해야 할 복음전파의 사명을 몸소 보여주신 이명윤 선교사님과 이옥윤 사모님께도 깊이 감사드린다. 선교사님과 사모님을 통해서 영혼을 사랑하는 뜨거운 마음이 무엇인지 배울 수 있었다.

그리고 이 책의 처음부터 끝까지 함께 해주신 이형규 대표님께 이 자리를 빌어 다시 한 번 감사의 인사를 드리고자 한다. 부족한 글의 출판을 흔쾌히 허락해 주시어 나도 용기를 낼 수 있었다. 이형규 대표님과의 소중한 인연을 만들어 주신 성남 나사렛교회 신연욱 집사님, 이 책의 꼼꼼한 교정을 맡아주신 오완 부장님께도 감사의 말씀을 드린다.

마지막으로, 늘 옆에서 묵묵히 내조하여 주는 사랑하는 아내, 오현아 집사에게 감사의 말을 전한다. 늘 바쁘다는 핑계로 가정을 소홀히 하는 나를 이해해주고 감싸주었기에 부족하지만 이 책을 쓸 수 있었다. 앞으로도 딸 선율이와 함께 그리스도가 주인 되시는 가정을 꾸려나가길 간절히 바란다.

이 책이 나의 영광이 아닌 오직 하나님의 영광만을 드러내길 바라며….

2018년 11월

강두원

※ 이 책은 법무법인(유한) 로고스를 대표하여 작성된 것이 아니며, 개인적인 의견을 기재한 것에 불과함을 밝혀둡니다.

| 목 차 |

서문…4

01 | 들어가며: 이 책을 쓰게 된 동기…13

1) 결과 지향적인 한국 사회의 모습…14

2) 결과 지향적인 한국 그리스도인들의 모습…15

3) 신뢰받지 못하는 그리스도인들…16

4) 과정 지향적인 삶과 세계관의 변화…19

5) 과정 지향적인 삶의 중요성…21

02 | 과정 지향적인 삶과 결과 지향적인 삶…22

1) 결과 지향적인 삶…23

2) 과정 지향적인 삶…24

3) 가치판단에 있어서 과정 지향적인 삶과 결과 지향적인 삶의 문제…28

4) 과정과 결과를 구분하는 방법…30

03 | 과정 지향적인 삶에 대한 성경의 입장…33

1) 그리스도인들에게 요구되는 순종…34

2) 과정 지향적인 순종과 결과 지향적인 순종…35

3) 아브라함의 순종…36

4) 사드락, 메삭, 아벳느고의 순종…41

5) 욥의 순종…45

6) 예수님의 비유…49

 (1) 열 달란트의 비유(마 25:14-30)…50

 (2) 포도원 일꾼의 비유(마 20:1-16)…57

7) 하나님은 과정 지향적이다…64

8) 삶의 목표 설정과 과정 지향적인 삶과의 관계…71

04 | 한국 그리스도인들의 결과 지향적인 모습…75

1) 결과 지향적인 신앙…76

 (1) 목적 달성을 위한 기도…76

 (2) 사회적으로 높은 지위를 얻으라는 교회의 가르침…80

 (3) 공정한 절차를 준수하지 않는 모습…83

2) 결과 지향적인 신앙의 문제점…84

    ⑴ 세속적인 성공이 신앙보다 우선순위에 있게 될 수 있음…85

    ⑵ 목적했던 결과의 성취 여부에 따라 신앙이 흔들릴 수 있음…87

    ⑶ 권력 지향적인 신앙으로 이어질 수 있음…96

    ⑷ 세상에서 범법자로 낙인찍힐 수 있음…102

05 ㅣ 과정 지향적인 그리스도인의 행동 방법…103

1) 목적 달성을 위한 기도가 아닌 과정 지향적인 기도…104

2) 과정에서의 충성이 삶의 최우선 목표가 되는 것…107

3) 공정한 절차를 따르는 삶…109

4) 과정 지향적인 삶과 우선순위…109

06 ㅣ 과정 지향적인 삶의 일환으로서 공정한 절차의 준수…112

1) 공정한 절차의 준수를 별도로 논의하는 이유…112

2) 그리스도인에게 공정한 절차를 준수하는 것이 강조되어야 하는 이유…113

    ⑴ 위법은 성경적 의미의 죄에 해당된다…113

    ⑵ 그리스도인은 법을 지킴으로써 세상과 구별될 수 있다.…116

    (3) 그리스도인의 위법행위는 재물에 굴복하는 결과로 이어질 수 있다 ⋯121

    (4) 준법의 강조와 율법주의의 구분⋯124

3) 그리스도인들이 법을 위반하게 되는 실제 사례들⋯124

    (1) 실제 사례를 익히는 것의 필요성⋯124

    (2) 기부금 납입 확인서의 금액을 허위로 늘리는 경우⋯126

    (3) 교회 재정을 사적으로 유용하는 경우⋯129

    (4) 돈봉투를 동반한 선거 운동⋯138

4) 공정한 절차를 준수하기 위한 방안⋯142

    (1) 법 위반이 곧 성경적 의미의 죄에 해당됨을 인식해야 한다⋯142

    (2) 법 위반에 대해 민감해져야 한다⋯152

    (3) 공정한 절차의 준수를 통해 세상과 구별될 수 있음을 인식해야 한다⋯159

    (4) 구체적인 상황에서의 행동 방안⋯162

07 | 글을 마치며: 한국 교회의 신뢰 회복을 향하여⋯167

참고문헌⋯170

미주⋯172

01

들어가며:

이 책을 쓰게 된 동기

"성공하고 싶으세요? 그럼 기도하세요!"
이러한 외침은 내가 몇 해 전에 집 근처 지하철역에서 걸어 나오면서 들었던 소리이다. 이렇게 외치고 있었던 분은 전도를 위해 교회 이름과 위치가 적힌 휴지를 지나가는 사람들에게 나누어주고 있었다. 그분이 외쳤던 소리는 한동안 내 머릿속을 떠나지 않았다. 왜 그분은 전도를 하면서 하필이면 저런 이야기를 하고자 마음을 먹었던 것일까?

1) 결과 지향적인 한국 사회의 모습

한국 사회는 과정보다는 결과를 더 중요시하는 모습을 보이고 있다. 고등학생이 대학입시에서 '좋은' 대학에 입학하지 못하면, 마치 그가 제대로 된 고교 생활을 하지 못한 것처럼 여겨지기도 한다. 회사 입사를 위해 지원서를 낼 때도 마찬가지이다. 지원자가 어떤 삶을 살아왔는지를 보여 주는 자기소개서도 중요하지만, 사실 결정적으로는 그 사람이 어떤 결과치, 즉 '스펙'을 가지고 있는지가 더 중요한 경우가 대부분이다.

회사에서는 매출액 또는 이익의 확대에 기여하는 것이 가장 큰 목표가 되어 있으며, 그러한 기여를 하지 못하는 사원은 아무리 그 과정에 있어서 최선을 다한들 높은 평가를 받기 어렵다. 내가 과거에 기업 법무팀에서 일할 때 많이 들었던 얘기 중에 하나가 "열심히 하는 것도 중요하지만, 잘하는 것이 더 중요하다"는 것이었다. 어찌됐든 결과가 과정보다 중요한 것이다. 부산대학교 사회학과 명예교수인 박재환 교수는 현대 한국 사회의 특징적인 원리로 결과 우선주의를 뽑으며 이를 다음과 같이 설명하기도 하였다.

중간의 과정보다 결과를 중요하게 생각하는 것은 결코 오늘날의 우리나라 사람들에게만 나타나는 현상은 아니다…(중략)…우리나라의 경우 결과 우선주의는 흔히 가장 중요한 사회문제로 지목될 만큼 폐해가 심각하다. 그것은 단순히 사적인 생활영역에서 불가피하게 도모되는 약자의 처세 철학에 그치는 것이 아니라, 사회 전체의 수준에서 재생산되고 일상화되어 우리 사회의 현실적 존립 기반이 바로 여기에 있다고 해도 과언이 아닐 정도이다. 현재 국가의 공식적인 기관은 물론이고 사적인 기업체를 망라해서 구성원들에게 일정한 성과를 달성하는 것보다 절차의 정당성을 우선적으로 주문하는 경우가 얼마나 되는가? 일정한 업적을 올리지 못하는 구성원들은 무능력한 사람으로 간주되는 것이 보통이다.[1]

2) 결과 지향적인 한국 그리스도인들의 모습

그런데 우리 그리스도인들은 어떠한가?[2] 내 생각에 그리스도인들의 모습이 위와 같은 일반적인 한국 사회의 모습과 크게 다를 바가 없는 것 같다. 수능을 앞두고 좋은 대학에 합격하기를 바라는 수능대비 기도회가 여러 교회에서 성황을 이루는 모습이 그렇고, 여러 교회에서 학생, 청년들에게 사회적으로 높은 지위에 올라야 한다고 가르치는 모습이 그렇고, 교회에서 학생부, 청년부 등의 각 담당 사역자들이 교인 수를 늘리지 못하면 그것 자체로 능력이 부족한 사역자로 평가받는 모습이 그렇다. 이와 관련하여 높은 뜻 숭의교회를 개척했던 김동호 목사의 의견을 들어보자.

세상 사람들은 공정한 게임을 하려고 하지 않는다. 수단 방법을 가리지 않고 무작정 이기려고만 한다. 그래서 "모로 가도 서울만 가면 된다"는 식으로 산다. 참으로 안타까운 것은 크리스천들 역시 공정하게 살려고 하지 않는다는 것이다. 세상 사람들과 똑같이 편법을 쓰며 수단과 방법을 가리지 않고 살려고 한다는 것이다. 크리스천들은 공정하게 사는 법을 훈련해야 한다. 우리에게 가장 결여되어 있는 것이 바로 이 공정성이다.[3]

나 역시 김동호 목사의 견해에 전적으로 동의한다. 한국 사회가 가진 특성을 그대로 이어받은 그리스도인들 역시 결과 지향적인 삶을 살고 있는 것이 아닐까?

3) 신뢰받지 못하는 그리스도인들

대한불교조계종 불교사회연구소가 2015년 10월 발표한 종교별 신뢰도 조사 결과에 따르면,[4] 개신교는 주위 사람들로부터 제대로 신뢰받지 못하고 있음을 알 수 있다.

[종교별 신뢰도 조사 결과]

종 교	신뢰도
개신교	10.2%
천주교	39.8%
불 교	32.8%

함께 이루어진 성직자에 대한 신뢰도 조사 결과에서도 개신교 목사는 위와 별다른 차이를 보이지 않는다.

[성직자별 신뢰도 조사 결과]

성직자	신뢰도
개신교 목사	17%
천주교 신부	51.3%
불교 승려	38.7%

또한 지난 2009년 시사주간지 시사저널이 미디어리서치에 의뢰해 '한국인이 가장 신뢰하는 직업'에 대해 조사한 결과에 따르면, 종교인 중에서는 천주교 신부(74.6%, 11위), 승려(64%, 18위), 목사(53.7%, 25위)의 순서로 나타나기도 하였다.[5]

성경에 나온 대로라면 그리스도인들은 "사랑, 희락, 화평, 오래 참음, 자비, 양선, 충성, 온유, 절제"라는 성령의 8가지 열매를 갖추어(갈 5:22-23) 세상 사람들로부터 믿음직스러운 존재가 되어야 마땅한데, 왜 그리스도인들은 "기독교인들이 더 지독하더라", "예수 믿는 사람들이 더 썩고 더 부패했다"라는 등의 평가를 들어야 하는 걸까? 만약 그리스도인들이 세상으로부터 신뢰를 받지 못한다면 예수님께서 다음과 같이 명령하신 것을 따르지 못한 것이 된다(참고로 이 책에서는 이해를 돕기 위해, 성경 구절을 표기할 때 사단법인 두란노서원에서 2016년에 발행한 우리말성경 3판을 사용하고자 한다).

"너희는 이 땅의 소금이다. 그러나 만일 소금이 짠맛을 잃어버리면 어떻게 다시 짜게 되겠느냐? 아무 데도 쓸데가 없어 바깥에 버려지고 사람들에게 짓밟힐 것이다…이와 같이 너희도 너희 빛을 사람들에게 비추라. 그래서 그들이 너희 선한 행실을 보고 하늘에 계신 우리 아버지께 영광을 돌리게 하라"(마 5:13, 16).

물론 그리스도인들이 복음을 전하다 보면 주위 사람들로부터 비난과 조롱을 받을 수 있다. 주택가에 자리잡은 교회에서 일요일마다 울려 퍼지는 큰 찬양 소리로 인해 주민들로부터 항의를 받을 수도 있다. 지하철역에서 길을 막고 전도지를 나누어 주는 그리스도인들로 인해 길 가던 사람들이 짜증을 낼 수도 있다.

그러나 이러한 '부분적인 비난'은 '전체적인 신뢰'를 가로막지 못한다. 세상 사람들이 아무리 그리스도인들을 안 좋은 시각으로 바라본다 한들, 그들의 주위에 있는 그리스도인들이 부와 권력을 쟁취하려 하기보다는 **삶의 과정에 있어서 정직하고 공정하게 살려고 노력하는 모습을 보여 준다면, 가끔은 찬양 소리로 짜증이 나고 또 교회에 같이 가자는 말이 지겨워도 그런 그리스도인들 전반에 대한 좋은 평가가 달라지지는 않을 것이다.**

무엇이 문제일까? 2015년을 기준으로 개신교인의 인구가 한국 전체 인구의 19.7%인데,[6] 그렇다면 한국 사회를 살아가는 사람들은 주위에 '신실한 듯 보이는' 그리스도인 친구, 선·후배를 최소한 몇 명은 두고 있을 것이다. 그들은 때로는 주위의 그리스도인들로 인해 실망할 수도 있겠지만 때로는 깊은 감동을 받을 수도 있을 것이다. 우리 그리스도인들은 주위의 이웃들에게 어떠한 모습을 보여 주고 있는가?

4) 과정 지향적인 삶과 세계관의 변화

나는 개신교가 세상 사람들로부터 신뢰를 받지 못하는 이유 중 큰 부분이 바로 개신교인들이 결과 지향적인 삶을 사는 데 있다고 본다. 이는 나를 포함한 그리스도인들이 부와 권력을 쟁취하기 위해 수단과 방법을 가리지 않고 노력하고, 또한 그러한 과정에서 정직하고 공정하게 살지 못했기 때문일지 모른다. 이런 모습이 언론을 통해 공개되면서 많은 국민들에게 부정적인 이미지를 심어줄 수 있는 것이다.

뒤에서 자세히 이야기하겠지만, 결과 지향적인 삶이 성경적 원리에 배치됨에도 불구하고 그러한 삶을 지속적으로 살다보면, 그리스도인들은 신앙보다 세상에서의 성공을 더 우선순위에 두게 될 것이다. 나아가 세상에서 통하는 힘의 논리를 교회 내로 끌어들이게 되며, 목적했던 결과의 성취 여부에 따라 신앙을 멀리할 수도 있게 되고, 또한 세상에서의 성공을 이루었는지 여부에 근거하여 타인에 대해 우월감을 갖는 삶을 살게 될 수도 있다고 본다.

이렇게 되면 그리스도인들은 세상의 빛과 소금으로서의 역할을 제대로 감당하지 못하게 되는 것이다. 이는 이 세대를 본받지 말라는 사도 바울의 외침에 정면으로 반하는 것이기도 하다.

"여러분은 이 세대를 본받지 말고 오직 마음을 새롭게 함으로 변화를 받아 하나님의 선하시고 기뻐하시고 온전하신 뜻이 무엇인지 분별하도록 하십시오"(롬 12:2).

위 구절과 관련하여 미국 트리니티 복음주의 신학대학원(Trinity Evangelical Divinity School)의 더글라스 무(Douglas J. Moo) 교수는 그리스도인들에게 세계관의 변화가 필요함을 다음과 같이 강조하고 있다.

> 세계관의 완전한 변화가 요구된다는 것이다. 그 이하는 있을 수 없다. 우리는 더 이상 삶을 '이 세상'의 관점에서 보아서는 안 된다. 이 세상은 죄와 죽음의 영역으로서 우리는 하나님의 능력에 의해 거기서 옮겨졌다…(중략)…이 세상에서 살지만 우리는 더 이상 '세상에 속하지' 않는다.[7]

나는 그리스도인들이 과정 지향적인 삶을 살지 않고 결과 지향적인 삶을 산다면 이는 결국 성경적으로 요구되는 세계관의 변화가 이루어지지 않았음을 의미하는 것이라고 생각한다.

한편 앞서 언급했던 두 개의 여론조사에서 특징적인 것은 천주교와 개신교 간에 신뢰도의 차이가 크고, 천주교는 국민들로부터 어느 정도 신뢰를 받고 있다는 점이다.

대한불교조계종 불교사회연구소의 여론조사에 따르면 개신교의 신뢰도는 10.2%인 데 반해, 천주교는 39.8%이고, 목사의 신뢰도는 17%인 데 반해 천주교의 신부는 51.3%이다. 개신교와 천주교 간의 차이는 왜 발생하는가? 천주교 교인들은 결과 지향적인 삶을 살고 있지 않기 때문인가? 사실 개신교인인 나는 천주교의 사정까지는 잘 알지 못한다. 다만, 최근 들어 개신교 목사들에 의한 성범죄, 금권선

거, 교회재정 유용 등이 발생하고 있다는 사실은 잘 알고 있다.[8]

따라서 이러한 사건들이 언론에 보도됨으로써 개신교에 대한 일반인들의 신뢰도가 천주교에 비해 큰 폭으로 하락된 것이 아닐까 추측해 볼 수는 있을 것이다.

5) 과정 지향적인 삶의 중요성

뒤에서 자세히 논의하겠지만, 그리스도인들이 과정 지향적인 삶을 산다면 이와 같은 뉴스거리들은 큰 폭으로 줄어들 수 있고, 또한 그리스도인들이 주위 사람들로부터 신뢰를 받게 되지 않을까 생각한다. 나는 한국의 그리스도인들이 과정 지향적인 삶을 살기를 바라는 마음에서, 그럼으로써 개신교가 신뢰받는 종교가 되고, 더 나아가 하나님의 복음이 한국 사회 구석구석에 전파되기를 바라는 마음에서 이 책을 쓰게 되었다.

과정 지향적인 삶과 결과 지향적인 삶

그리스도인들이 결과 지향적인 삶을 살아야 하는가, 아니면 과정 지향적인 삶을 살아야 하는가를 논의하기 위해서는 우선 결과 지향적인 삶과 과정 지향적인 삶이 구체적으로 어떤 의미를 갖고 있는지를 살펴볼 필요가 있을 것이다.

1) 결과 지향적인 삶

결과(結果)의 사전적 의미는 '열매를 맺음' 또는 '어떤 원인으로 결말이 생김'이고, 지향(志向)의 사전적 의미는 '어떤 목표로 뜻이 쏠리어 향함'이다.[9] 나는 이와 같은 사전적 의미에 근거해 이 책에서 결과 지향적인 삶을, '결과적으로 획득된 것이 주된 가치를 갖는 삶' 및 '그러한 삶을 살기를 희망하는 것'을 뜻하는 것으로 정의하고자 한다.

즉, 이는 다른 사람들에 비해 사회적으로 높아지고 우월해지며 성공하는 것을 인생의 주된 가치로 삼고, 이를 위해 결과적인 성과 획득을 우선하여 추구하는 삶을 의미하는 것이다. 이와 관련하여 스위스 바젤대학교의 신학과 교수였던 얀 밀리치 로흐만(Jan Milič Lochman)은 '업적 지향 사회(performance-oriented society)'라는 용어를 사용하며, 이러한 사회에서는 가치판단 기준이 "사람들의 일에 대한 생산성과 능률에 따라 정해진다"라고 하였다.[10] 로흐만 교수가 사용한 업적 지향 사회는 결과적인 성취에 주안점을 둔다는 점에서 결과 지향적인 삶과 일맥상통하는 면이 있다고 생각된다.

이러한 결과 지향적인 삶의 구체적인 예로는, 일반 기업에서 사원들의 성과를 평가할 때 매출이나 이익 확대에 얼마나 기여했는지에 초점을 맞추는 것을 들 수 있다. 이러한 평가 제도에 의하면 어떤 사원이 열심히 노력했으나 결국에는 매출이나 이익 확대에 실패한 경우 그는 좋은 평가를 받기 어렵게 되는 것이다.

이러한 평가제도는 비단 매출 및 이익과 직접적으로 연관된 영업 부서에서 근무하는 사원에게만 적용되는 것은 아닐 것이다. 내가 과거에 소속됐던 기업 법무팀의 경우에도, 회사가 연루된 소송이나 분쟁에서 승소했느냐가 중요한 평가의 대상이 되었는데, 이는 소송이나 분쟁에서의 결과에 따라 회사의 재정상태에 큰 영향을 미치기 때문이었다. 따라서 어떤 사원이 소송이나 분쟁의 대응 과정에서 아무리 노력한들 최종적으로 승소하지 못하면 좋은 평가를 받을 수 없게 되는 것이다.

또 다른 예로, 교회에서 부목사나 전도사 등 부교역자들의 공적을 평가할 때, 해당 부교역자가 교인 수를 얼마나 증가시켰는지에 초점을 맞추는 것을 들 수 있다. 이에 따르면, 만약 어떤 부교역자가 중·고등부를 전담하고 있는데, 학생들의 인원을 늘리지 못했다면 그가 아무리 그 과정에서 최선을 다하였다고 한들 좋은 평가를 받기 어렵게 되는 것이다.

2) 과정 지향적인 삶

과정(過程)의 사전적 의미는 '일이 되어가는 경로'이다.[11] 나는 이와 같은 사전적 의미에 근거해 이 책에서 과정 지향적인 삶을, '과정에서 최선을 다하는 것이 주된 가치를 갖는 삶', 및 '그러한 삶을 살기를 희망하는 것'을 뜻하는 것으로 정의하고자 한다. 즉, 이는 다른 사람들에 비해 사회적으로 높아지고 우월해지는 것이 인생의 주된 가치가 되지 않고 나아가 결과적으로 획득된 성과가 낮다고 하더라도 과정 자체에서 최선을 다했다면 높은 평가를 받을 수 있는 삶을 의미하는 것이다.

이러한 삶의 구체적인 예로 앞서 언급했던 기업의 평가제도를 들어보면, 어떤 사원이 열심히 노력했으나 결국에는 매출이나 이익 확대에 실패하였다고 하더라도, 그 과정에서 주어진 업무를 절차에 맞게 최선을 다해 처리했다면, 결과와 무관하게 그는 좋은 평가를 받을 수도 있게 되는 것이다.

교회의 경우에도 마찬가지이다. 어떤 부교역자가 담당한 부서의 교인 수를 증가시키지 못했다고 하더라도, 그가 부여된 임무에 최선을 다하여 신실하게 임했다면 역시 좋은 평가를 받을 수 있게 되는 것이다.

사실 그동안 기업 활동에 있어서 '과정에서의 최선'은 기업 활동의 중요한 목표로 인식되지 않았다. 그런데 최근 들어 이러한 '과정에서의 최선'이 기업 활동에 있어서 중요한 목표가 되는 현상이 나타나고 있다. 이는 바로 한국 기업에서 각광받고 있는 '준법경영' 내지 '컴플라이언스(compliance)'이다.[12] 준법경영이라 함은 한마디로 기업 활동을 하면서 법을 잘 지키자는 것이다.[13] 사실 회사가 준법경영을 하더라도 이것이 직접적인 매출이나 이익의 확대로 연결되지는 않는 경향이 있다. 물론 장기적인 관점에서, 준법경영이 벌금, 과징금 등의 발생을 미연에 방지함으로써 회사의 손실을 줄여주고, 나아가 기업 활동의 투명성을 높여서 무형의 이익을 증대시킬 가능성이 있기는 할 것이나, 이는 객관적으로 증명되기 어려운 측면이 있다.

즉, 준법경영을 통해 벌금이나 과징금과 같은 제재를 피한다면 이는 회사의 이익 확대로 이어지는 것은 맞으나, 사실 벌금이나 과징금의 회피는 적극적인 이익 확대가 아니라 소극적인 손실 축소라는 점에서 객관적으로 회사의 이익에 얼마나 기여했는지 산출해 내기는 어렵다. 특히 일부 기업은 벌금이나 과징금의 회피가 회사 이익 확대에 직접적으로 기여했다고 보기보다는, 회사 자산을 유지하고 지키는 정도의 결과라고 보는 경향도 있는 상황이다. 결국 기업들은 매출이나 이익 확대와 (적어도 단기적으로는) 직접적으로 관련이 없음에도 불구하고 준법경영을 도입하고 있는 것이다.

물론 이에 대해서는 준법경영의 실질적 목적이 기업 이미지 제고이고 따라서 준법경영은 형식적으로만 이루어지는 것이라는 비판이 있을 수 있다. 그러나 그런 실질적 목적이 실제로 존재한다고 하더라도, 준법경영을 추구하는 과정에서 얻게 되는 적법성과 공정성을 폄훼할 수는 없다고 본다.

나는 이러한 준법경영이 바로 과정 지향적인 삶의 예에 해당된다고 생각한다. 기업이 오로지 일정한 매출과 이익을 달성하는 데에만 초점을 맞추는 것이 아니라, 기업 활동의 과정에서 공정성을 기하는 것에도 초점을 맞추기 때문이다. 이와 관련하여 한국의 A기업 甲회장의 사례를 들어보자.

그는 자기가 하고 있는 사업 중 구두사업이 가장 하기 어렵다고 털어놓았다. 이유는 상품권 때문이란다. 당시 정부는 상품권 사용을 금하고 있었는데, 다른 기업들은 할부전표 등의 이름을 붙여 편법으로 상품권을 유통시키고 있었다. 그러다가 적발되면 5천만 원 정도의 벌금을 물면 그만이었다. 그러나 A기업은 고집스럽게 편법 쓰기를 고사했고, 현금으로만 장사한다고 했다. 甲회장의 말에 따르면 5천만 원 벌금을 물고 상품권을 유통시키는 것이 훨씬 이익이란다. 그러나 甲회장과 그의 회사의 궁극적인 목적은, 그 일이 이익인가 불이익인가가 아니라 그 일이 옳은가 그른가였다.[14]

위의 甲회장은 기업 활동을 하는 데 있어서 매출이나 이익의 확대보다 준법경영에 더 큰 비중을 두었던 것으로 보인다. 그렇지 않고 매출 및 이익의 확대를 준법경영보다 중요시했다면, 그는 매출을 확대할 수 있는 절호의 기회에서 위법한 수단을 사용했을 것이기 때문이다. 따라서 위와 같은 甲회장의 모습은 과정 지향적인 삶이 분명하다.

만약 이와는 다르게, 어떤 회사가 외면적으로는 준법경영을 추구한다고 하더라도 결국에는 매출 또는 이익 확대가 최우선순위가 되고, 그럼으로써 경우에 따라서는 매출 또는 이익 확대를 위해 준법경영이 일방적으로 희생되는 결과가 발생한다면, 이를 과정 지향적인 삶이라고 볼 수는 없을 것이다.

3) 가치판단에 있어서 과정 지향적인 삶과 결과 지향적인 삶의 문제

대부분의 사람들은 어떤 일에 있어서 과정과 결과 모두가 중요하다고 생각할 것이다. 왜냐하면 과정에서의 충실함을 통해 좋은 결과가 산출되는 경우가 많고, 또한 결과라는 이정표가 있어야지 적절한 과정이 만들어질 수 있기 때문이다. 그러나 내가 여기에서 강조하고자 하는 것은 비중과 우선순위의 문제이다.

즉, 결과와 과정이 모두 중요하다고 하더라도, 어느 것에 더 큰 비중과 우선순위를 두어야 하는가에 대해 얘기하고자 하는 것이다. **결과와 과정의 비중이 51:49인 경우와 49:51인 경우는 실제 생활에서 매우 큰 차이를 발생시킨다.** 왜냐하면 그러한 비중의 차이가 현실 생활에서 발생하는 여러 문제들에 대한 가치판단의 중요한 근거가 될 것이고, 나아가 특정한 문제에 직면했을 때 결과와 과정의 비중이 51:49인 경우에는 결과를 우선시하는 가치판단이, 49:51의 경우에는 과정을 우선시하는 가치판단이 이루어질 가능성이 높기 때문이다.

이와 관련하여 우리나라의 모 대기업이 추구하는 핵심가치를 예로 들어보자. 이 대기업은 핵심가치로서 인재제일, 최고지향, 변화선도, 정도경영, 상생추구의 다섯 가지를 들고 있다. 이 대기업은 다섯 가지의 핵심가치에 대해 엄격한 순서를 가지고 있는 것으로 알려져 있는데, 그것은 [1. 인재제일 → 2. 최고지향 → 3. 변화선도 → 4. 정도경영 → 5. 상생추구의 순서이다. 그런데 기업 활동을 하다 보면 위의 5가지 가치들 간에 충돌이 발생하여 어느 하나를 선택해야 하는 상황이 발생할 수 있다.

예를 들어, 어떤 공무원이 그 대기업 직원에게 국가가 시행하는 입찰에서 유리한 평가를 해주는 등 기업 활동에 편의를 주는 대가로 뇌물의 제공을 요구했다고 가정하자. 이 경우 기업 활동에 있어서 국가의 지원을 받는 것은 결국 매출과 이익의 확대로 직결될 수 있다는 점에서 '최고지향'의 가치에 부합하는 일이 되겠지만, 한편으로 이러한 뇌물제공은 위법한 일이 되어 '정도경영'의 가치에 반하는 것이 된다.[15]

이러한 가치 충돌의 상황에서 이 대기업은 어떤 선택을 하여야 하는가? 만약 이 대기업이 '최고지향'이라는 가치가 2순위이고 '정도경영'이라는 가치가 4순위이므로 우선순위가 높은 '최고지향'의 가치에 따라 공무원에게 뇌물을 제공하게 된다면, 이는 결과 지향적 가치가 과정 지향적 가치를 앞서는 결과가 되는 것이다.

즉, 그 기업은 그러한 의사결정에 있어서 매출 또는 이익의 확대라는 결과에 대해 최소한 50.01% 이상의 비중을 두었다고 볼 수 있게 되는 것이다. 만약 그렇지 않고 뇌물을 제공하지 않는 쪽으로 선택했다면, 그 기업은 법률의 준수라는 과정 지향적 가치에 대해 최소한 50.01% 이상의 비중을 두었다고 볼 수 있다.

이러한 가치 충돌의 상황은 비단 기업 활동에 있어서만 발생하는 것이 아닐 것이다. 그리스도인들 역시 세상을 살아가면서 더 많은 이익을 취득할 것인가(혹은 더 적은 손해를 볼 것인가)와 공정한 절차를 준수할 것인가의 사이에서 갈등하게 되는 경우가 많을 것이다. 그러한 상황에서 결과와 과정 중 어느 것에 더 큰 비중을 두느냐가 우리의 행동 방향을 결정하기 때문에, 우리가 과정 지향적인 삶을 살아야 하는가, 아니면 결과 지향적인 삶을 살아야 하는가를 논의하는 것은 현실적으로 매우 중요하다고 할 수 있다.

4) 과정과 결과를 구분하는 방법

혹자는 구체적인 현실에 있어서는 과정과 결과가 명확히 구분되지 않으므로, 결국 과정 지향적이라는 것과 결과 지향적이라는 것은 가치판단에 있어서 실질적인 지침을 제공해 주지 못한다고 반박할 수 있다. 즉, 어떠한 과정을 통해 도출된 결과가 또 다른 결과를 위한 과정이 되므로, 그러한 과정과 결과의 연속에 있어서 과정과 결과의 엄격한 구분은 불가능하다는 것이다.

우선 언급하고 싶은 것은, 사실 내가 이 책에서 '결과'라는 단어를 통해 의미하고자 했던 것은, 예수께서 경계하셨던 세속적인 관점에서 높아지는 것 또는 우월해지는 것에 제한된다는 점이다.

"누구든지 자기를 높이는 사람은 낮아지며 누구든지 자기를 낮추는 사람은 높아질 것이다"(마 23:12).

"율법학자들을 주의하라. 그들은 긴 옷을 입고 다니기를 좋아한다. 또 시장에서 인사 받는 것과 회당과 잔치의 윗자리 차지하기를 좋아한다"(눅 20:46).

앞서 언급했듯이, 기업이 매출 또는 이익의 확대를 최우선의 목표로 삼는 것은, 세속적으로 높아지는 것을 의미한다는 점에서 내가 사용하는 '결과'라는 용어에 포함되는 것이고, 고등학교 3학년 학생이 대입 수능시험에서 높은 성적을 받는 것을 최우선의 목표로 삼는다면 이 역시 '결과'에 포함되는 것이다.

따라서 어떤 기업이 기업 활동에서 공정한 절차를 준수하는 것을 최우선 순위로 삼고 있다면, 또는 어떤 고등학생이 높은 성적보다는 수업 참여, 대인관계 등 학교생활 전반에 있어서 충실히 임하는 것을 최우선 순위로 삼고 있다면, 그것은 이 책에서 말하는 '결과'에 포함되지 않는 것이다. 왜냐하면 기업 활동에 있어서 공정한 절차의 준수나 학교생활 전반에 충실히 임하는 것이 세속적인 관점에서 높아지거나 우월해지는 것이라고 보기는 어렵기 때문이다.

또한 과정과 결과의 구분과 관련하여, 다음의 의문을 해결하는 과정에서 그 방법을 찾고자 한다. 어떤 고등학교 3학년 학생이 수능시험에서 고득점을 받는 것을 최우선 목표로 삼고 있지 않고, 내신 성적에서 고득점을 받는 것을 최우선 목표로 삼고 있다고 가정하자. 이러한 태도는 결과 지향적인 것인가, 아니면 과정 지향적인 것인가? 내신 성적은 수능시험과 같이 한 번의 시험으로 결정되는 것이 아니라 고등학교 생활 전반에 의해 결정된다는 점에서 과정과 관련된 측면을 갖는 것도 사실이다.

그러나 이 책에서의 관점에 따르면, 내신 성적에서의 고득점을 목표로 하는 것 역시 결과 지향적인 삶에 해당된다. 왜냐하면 결국 그 학생이 최종적으로 추구하는 것은, 세속적인 관점에서 우월해지는 수단 중 하나인 내신 성적에서 고득점을 받는 것이기 때문이다. 만약 그 학생이 내신 성적을 획득하는 과정으로서, 학교 수업시간에 최선을 다해 집중하는 것을 최우선 목표로 삼는다면, 이는 세속적인 우월성보다는 과정에 우선순위를 둔다는 점에서 과정 지향적인 삶에 해당될 것이다.

결국 구체적인 현실에서 과정과 결과가 명확히 구분되기 어려운 상황이 있다고 하더라도, 과정 지향적인 삶과 결과 지향적인 삶은 대체적으로 구분이 가능하다고 생각된다. 특히 어떤 사람이 성적, 자격증, 외모, 돈, 권력 등 세속적인 관점에서 높아지거나 우월해질 수 있는 것들을 최우선적으로 지향하는 삶을 살고 있다면 이는 결과 지향적인 삶이라고 할 수 있을 것이다.

과정 지향적인 삶에 대한
성경의 입장

앞서 언급했듯이 우리가 과정 지향적인 가치를 가지고 있느냐, 아니면 결과 지향적인 가치를 가지고 있느냐의 문제는 현실에 있어서 행동 방향을 결정하는 중요한 요소가 된다. 그렇다면 과연 성경은 어떠한 삶을 지향하고 있는지에 대해서 살펴보는 것이 그리스도인에게는 필수적인 일이 될 것이다. 왜냐하면 그리스도인은 성경에 나타난 원리에 근거해서 살아가야 할 의무를 지니고 있기 때문이다.

1) 그리스도인들에게 요구되는 순종

그리스도인들은 삶에 있어서 하나님께 대한 순종을 강조한다. 순종은 하나님의 말씀을 듣고 행하는 것인데(창 26:5), 이러한 순종은 하나님에 대한 믿음과 관련된 것으로서, 사도 바울은 순종하지 않는 것은 그 마음 가운데 불신앙이 자리하고 있기 때문이라고 하였다(롬 6:16-17).[16] 존 비비어 역시 그의 책《순종》에서 순종을 믿음과 동등하게 보았다.

> "믿음으로 아벨은 가인보다 더 나은 제사를 하나님께 드림으로 의로운 자라 하시는 증거를 얻었으니 하나님이 그 예물에 대하여 증거하심이라 저가 죽었으나 그 믿음으로써 오히려 말하느니라"(히 11:4). 히브리서 저자는 아벨의 순종을 믿음과 동등하게 보았다. 참 믿음은 순종과 동등한 것이며 순종을 기초로 한 것이다.[17]

성경의 여러 구절이 그리스도인의 의무로서 순종을 강조하고 있는데, 예를 들어 예수께서는 "아들에게 순종하지 않는 사람은 생명을 보지 못하고 도리어 하나님의 진노를 받게 된다"(요 3:36)라고 말씀하셨다. 히브리서의 저자 역시 "믿음으로 아브라함은 부르심을 받았을 때 순종해 장차 유업으로 받을 곳으로 나아갔습니다. 그런데 그는 어디로 가는지 알지 못하고 나아갔습니다"(히 11:8)라고 하여 아브라함의 순종을 강조하고 있다.

이외에도 성경에는 순종을 강조하는 구절이 많은데, 하나님께 대한 순종은 그리스도인의 중요한 의무임에 틀림없을 것이다. 나는 이러한 순종이 그리스도인의 의무임과 동시에 하나님의 과정 지향적인 면모를 명확하게 보여 준다고 생각한다.

2) 과정 지향적인 순종과 결과 지향적인 순종

앞서 이 책에서 과정 지향적인 삶과 결과 지향적인 삶을 정의했던 것을 다시 한 번 살펴보자. 전자는 '과정에서 최선을 다하는 것이 주된 가치를 갖는 삶' 및 '그러한 삶을 살기를 희망하는 것'이고, 후자는 '결과적으로 획득된 것이 주된 가치를 갖는 삶' 및 '그러한 삶을 살기를 희망하는 것'을 뜻하는 것이다. 이러한 정의를 순종과 결합하여 보면, 과정 지향적인 순종은 삶의 과정에서 최선을 다해 순종하는 것을 의미하고, 결과 지향적인 순종은 결과적인 획득을 위해 순종하는 것을 의미하게 된다. 그렇다면 과정 지향적인 순종에서는 하나님의 명령에 순종하는 것 그 자체에 초점이 맞춰지므로 결과적인 성과의 획득 여부는 부차적인 문제가 된다.

그에 반해 결과 지향적인 순종에서는 순종의 목적이 결과의 획득이므로, 결과적인 성과의 획득이 가장 중요한 문제가 된다. 나는 아래에서 볼 수 있는 여러 성경 구절들을 볼 때, **하나님께서 그리스도인들에게 원하시는 것은 결과 지향적인 순종이 아닌 과정 지향적인 순종이라고 생각한다**. 나는 특히 아브라함의 순종, 사드락·메삭·아벳느고의 순종, 욥의 순종, 열 달란트의 비유, 포도원 일꾼의 비유를 중심으로 과정 지향적인 순종에 대해 살펴보고자 한다.

3) 아브라함의 순종

하나님께서 과정 지향적인 순종을 원하신다는 것은 아브라함이 이삭을 제물로 바친 예를 통해서 확인할 수 있다. 하나님께서는 어느 날 갑자기 아브라함에게 "네 아들, 네가 사랑하는 네 외아들 이삭을 데리고 모리아 땅으로 가서 내가 네게 지시하는 산에서 그를 번제물로 바쳐라"(창 22:2)고 말씀하셨다. 이에 아브라함은 다음날 아침 일찍 이삭을 데리고 하나님이 말씀해 주신 곳으로 떠났고(3절), 목적한 장소에 이르러 이삭을 결박한 후 칼로 그를 죽이려고 하였다(9-10절). 이때, 하나님의 사자가 아브라함을 멈추게 하였고, 아브라함은 이삭 대신 근처에 있던 숫양을 제물로 드렸다(12-13절).

이러한 아브라함의 순종은 성경에 겨우 몇 구절로 언급된 내용이지만, 아마도 당사자인 아브라함에게 엄청난 고민을 안겨주었을 것이다. 왜냐하면 이삭은 하나님께서 아브라함에게 주시기로 약속했던 아들이었고, 더군다나 아브라함이 100세, 아내인 사라는 90세가 되어 낳게 된 아들이어서 더 이상의 자식은 기대하기 어려운 상황이었기 때문이다(창 17:16-17).

여기서 아브라함의 내면을 경우의 수를 나누어서 추적해 볼 필요가 있다. 만약 아브라함이 결과 지향적인 신앙을 가지고 있었다면, 그는 하나님께 순종하면 하나님은 이 세상에서의 물질적인 축복을 반드시 주실 것이라고 생각하고, 또한 그것을 받기를 강력하게 희망했을 것이다. 반면에 만약 아브라함이 과정 지향적인 신앙을 가지고 있었다면, 그는 하나님의 명령에 순종하며 사는 것이 가장 중요한 것이므로 세상에서 물질적인 축복을 받을지 여부는 중요한 것이 될 수 없다고 생각했을 것이다.

먼저 아브라함이 결과 지향적인 신앙을 가지고 있었다고 가정해 보자. 이 경우에 아브라함은 이삭을 제물로 바치라는 하나님의 명령에 대해 의문을 제기하지 않았을까 하는 생각이 든다. 왜냐하면 순종의 목적이 현세의 축복을 받는 것에 있는 이상, 100세가 되어서 얻게 된 아이를 바치라는 것은 하나님의 뜻이 아닌 것 같은 의심이 들 것이기 때문이다. 즉, 외아들인 이삭을 죽여서 제물로 바치라는 하나님의 명령에 순종하게 되면 그 자체로 현세의 축복에서 멀어지므로 모순이 발생하게 되는 것이다. 특히 고대사회에서 장자가 갖는 중요성을 고려했을 때, 그러한 장자를 죽이라는 것은 아브라함에게 있어서 결국 세상에서 실패하라는 의미로 받아들여졌을 것이다. 《톰슨 Ⅲ 성경주석》은 아브라함이 살았던 족장시대에서 장자의 특권과 책임을 다음과 같이 설명한다.

> 족장시대에 있어서 이 장자권은 두 가지 성격을 지닌다. 첫째는, 외적 특권으로 ① 아비의 뒤를 이어 한 가정의 우두머리가 되어 집안의 대소사(大小事)를 처리할 수 있는 통솔권(대하 21:3)과 ② 유산의 두 몫을 분배받을 수 있는 자격(신 21:15-17)을 가진다. 둘째는, 내적 특권으로 장자는 ① 한 가정의 제사장 직분을 수행함과 동시에 ② 언약

관계에서 영적 복의 상속자가 되었다. 물론 책임도 뒤따르는데 그것은 부친 노후나 사후, 어머니와 가족들을 부양해야 할 의무이다.[18]

위와 같은 족장시대의 문화를 고려할 때, 아브라함은 이삭을 잃음으로써 자신의 재산을 관리하고, 또한 자신을 부양할 수 있는 가장 믿음직한 사람을 잃게 되는 것이었다. 그뿐만 아니라, 이삭이 죽게 되면 아브라함은 '영적 상속자'까지 잃게 되는 것이다. 결국 이삭의 죽음은 아브라함에게 영과 육체 모두 죽음이 되는 것이다.

모순적인 것으로 보이는 하나님의 명령에 대한 아브라함의 의심은, 결국에는 아브라함으로 하여금 하나님의 명령을 거부하게 만드는 결과를 낳았을 수도 있다. 그러나 아브라함은 하나님의 뜻을 그대로 순종하고 이삭을 제물로 삼으려는 시도를 하였다. 또한 뒤에서 살펴보겠지만, 아브라함이 하나님의 명령의 정당성에 대해 의심하지도 않았던 것으로 보인다. 따라서 아브라함은 결과 지향적인 신앙을 소유하고 있지 않았다고 할 수 있다.

다음으로, 아브라함이 과정 지향적인 신앙을 가지고 있었다고 가정해 보자. 나는 아브라함이 이삭을 제물로 바치라는 하나님의 명령에 대해 별다른 의문을 제기하지 않았을 것으로 생각한다. 왜냐하면 아브라함에게 있어서 하나님의 말씀에 순종하는 것은 그 자체로서 중요한 의미를 갖는 것이어서, 현세에서 복을 받는 것은 부차적인 것으로 여겨졌을 것이기 때문이다. 장자인 이삭을 죽임으로써 집안의 대가 끊기더라도, 이 모든 것이 하나님의 주권 아래 있기 때문에, 결국 아브라함은 하나님께 순종하는 길을 선택했을 것이다(참고로 장자를 죽이라는 하나님의 명령은 현대 사회에서는 달리 받아들여져야 할 것이다. 즉, 하나님께서는 그 당시의 문화적, 도덕적 기준에 따라 역사하시는 분으로 생각되기에, 현대 사회에서 자식을 죽이라고 하나님께서 직접적으로 명령을 내리는 것은 있을 수 없다고 본다).[19]

물론 사랑하는 아들을 죽이는 데 있어서 아브라함의 인간적인 고뇌는 매우 심했을 것이다. 덴마크의 철학자였던 쇠렌 키르케고르 역시 이러한 아브라함의 고통스러운 상황을 다음과 같이 묘사하기도 하였다.

> 죽음은 그들을 갈라놓을 테지만, 이사악이 죽음의 전리품이 될 그런 방식으로 그렇게 될 터였다. 그 노인은 자신의 죽음을 기쁜 마음으로 받아들이면서 이사악의 머리 위에 축복의 손을 얹는 게 아니라, 삶에 지쳐서 폭력의 손을 이사악의 머리에 휘둘러야 할 판이었다. 그리고 그를 시험에 들게 한 것은 바로 하느님이었던 것이다! 그런 소식을 아브라함에게 가져온 사자(使者)에게 저주 있을지어다! 누가 감히 이런 슬픔의 사자가 되려고 했겠는가? 그러나 아브라함을 시험에 들게 한 이는 바로 하느님이었다![20]

그러나 인간적인 생각에서 고뇌를 하는 것과 하나님의 명령을 의심하는 것은 전혀 다른 차원의 문제이다. 사랑하는 아들을 죽여야 하는 것이 매우 슬픈 일이어서 스스로 자책하게 되는 것은 인간으로서 당연히 느낄 수 있는 감정이지만, 그것이 과연 하나님의 명령이 맞을까 또는 하나님이 아들을 죽이게 하시는 분이 맞는가라는 의심은, 하나님에 대한 근본적인 믿음을 흔들리게 한다는 점에서 훨씬 더 심각한 문제가 되는 것이다. 아마 아브라함은 하나님의 명령에 대한 근본적인 의심은 그다지 하지 않았을 것으로 보인다. 왜냐하면 아브라함은 하나님의 명령을 들은 바로 다음날 아침 일찍 하나님이 명하신 곳으로 출발을 하였기 때문이다.

> "아브라함이 다음날 아침 일찍 일어나 나귀에 안장을 얹고 하인 두 사람과 그 아들 이삭을 준비시켰습니다. 번제에 쓸 나무를 준비한 후 하나님께서 지시한 곳을 향해 떠났습니다"(창 22:3).

한번 출발하게 되면 돌이키기는 어려울 수 있으므로, 만약 하나님에 대한 근본적인 믿음이 흔들렸다면 아브라함은 고민을 하며 출발을 늦췄을 것이다. 존 비비어 역시 이러한 아브라함의 즉각적인 순종을 강조한다.

> 성경은 "아브라함이 아침에 일찍이 일어났다"(창 22:3)라고 한다. 아브라함의 즉각적 순종을 보라. 하나님에게 순종할지 말지 따지며 몇 날, 몇 주, 몇 달, 심지어 때때로 몇 년씩도 고민하는 사람들이 있다…(중략)…일단 하나님이 말씀하셨다는 것을 알면 바로 응답해야 한다.[21]

이런 점들을 볼 때, 아브라함은 과정 지향적인 신앙을 가지고 있었을 것으로 생각된다. **결국 하나님께서 아브라함에게 원하셨던**

순종은 결과 지향적인 순종, 즉 하나님께서 세속적인 축복을 주실 것을 미리 계산하고 그것을 기대하는 마음으로 하는 순종이 아니었던 것이다. 하나님께서는 아브라함이 어떠한 계산도 없이, 설령 이삭이 진짜 죽게 되더라도 그 뒷일에 대해서는 모두 하나님께 맡기고 오로지 그 과정에서 순종하길 원하셨을 것이다.

그러한 점에서 하나님께서 아브라함으로 하여금 이삭을 제물로 바치도록 명령하셨던 것은, 바로 하나님이 과정 지향적인 면모를 가지고 있음을 보여 준다고 할 수 있을 것이다.

4) 사드락, 메삭, 아벳느고의 순종

하나님께서 과정 지향적인 순종을 원하신다는 것은 사드락, 메삭, 아벳느고의 순종을 통해서도 알 수 있다. 즉, 바벨론의 느부갓네살 왕이 만든 금 신상에 절하기를 거부함으로써 화형에 처해질 위기에 있었던 사드락, 메삭, 아벳느고가 했던 고백은 혹시 하나님께서 우리에게 현세에서의 복을 부여해 주시지 않더라도 그것 자체가 하나님의 뜻임을 인정하고 그럼에도 불구하고 순종해야 함을 보여 준다.

"만약 우리가 절하지 않을 경우 우리가 섬기는 하나님께서 우리를 활활 타는 불구덩이 속에서 구해 주실 것입니다. 그분이 우리를 왕의 손에서 구해 내실 것입니다. 왕이여, 그러나 그렇게 아니하실지라도 우리가 왕의 신들을 섬기거나 왕이 세우신 금 신상에

절하지 않을 줄 아십시오"(단 3:17-18).

세 사람의 고백처럼 "그렇게 아니하실지라도", 즉 혹시 하나님께서 그리스도인들에게 현실에서의 보상(화형에서 구해주시는 것)을 부여해 주시지 않는다고 하더라도, 여전히 하나님께 충성하는 그 자체가 그리스도인들에게 요구되는 것이다. 여기에는 현실 세계에서의 좋은 결과가 개입될 여지가 없다.

존 비비어 역시, 하나님께서 성도들을 구원하시지만 항상 그런 경우만 있는 것은 아니며, 특히 지도자들에게 혹독한 대우를 받은 성도들이 히브리서에 기록되어 있음을 다음과 같이 강조한다.

> 하나님은 그 성도들을 구원하셨다. 그러나 항상 그런 경우만 있는 것은 아니다. 히브리서에 보면 지도자들에게 혹독하고 부당한 대우를 받은 사람들 이야기가 나온다. "어떤 이들은 더 좋은 부활을 얻고자 하여 악형을 받되 구차히 면하지 아니하였으며 또 어떤 이들은 희롱과 채찍질뿐 아니라 결박과 옥에 갇히는 시험도 받았으며 돌로 치는 것과 톱으로 켜는 것과 시험과 칼에 죽는 것을 당하고 양과 염소의 가죽을 입고 유리하여 궁핍과 환난과 학대를 받았으니[(이런 사람은 세상이 감당치 못하도다"(히 11:35-38)].[22]

물론 사드락, 메삭, 아벳느고는 불구덩이에 던져진 후에 하나님의 도움으로 살아났고(단 3:25-26), 느부갓네살 왕으로부터 높은 벼슬을 받는 '해피 엔딩'(happy ending)을 맞이하였다(30절). 그렇다면 그리스도인들은 사드락, 메삭, 아벳느고의 순종의 끝에서와 같이, 세상에서의 축복을 받는 해피 엔딩이 기다리고 있음을 확신하고 이를 희망해도 되는 것인가?

사실 사드락, 메삭, 아벳느고가 느부갓네살 왕의 금 신상 앞에 절하지 않았던 것은 일제 강점기의 신사참배 문제와 매우 유사한 측면이 있다. 일례로 여수 애양원에서 한센병 환자들을 섬기다가 6·25 전쟁 때 순교했던 손양원 목사를 떠올려 보자. 그는 일제의 신사참배 명령을 거부하여 1940년 9월경 체포된 뒤 구속 상태에서 조사와 재판을 거쳐 1941년 11월 4일 징역 1년 6개월의 형이 확정되어 1943년 5월 17일까지 복역하였다.[23]

아마도 손양원 목사는 사드락, 메삭, 아벳느고와 유사한 생각을 했을는지 모른다. 즉 '만약 내가 신사참배를 하지 않을 경우 내가 믿는 하나님이 나를 징역형에서 구원해 주실 것이다. 그러나 그렇게 아니하실지라도 나는 신사참배를 하지 않을 것이다'라고 말이다.

손양원 목사의 순종은 여기서 끝나지 않는다. 1년 6개월간의 복역이 끝나갈 때 일본 검사는 손양원 목사에게 신사참배에 대한 생각이 바뀌었느냐고 물으면서 생각이 바뀌지 않으면 추가적으로 구금될 것이라고 말하였는데, 손양원 목사는 "저는 과거나 현재나 조금도 변함이 없습니다"라고 대답하였고,[24] 이로 인해 손양원 목사는 한국이 일제로부터 해방되어 1945년 8월 17일 출옥할 때까지 2년 넘게 추가 복역을 하게 된다.[25]

당시 일본은 치안유지법이라는 법을 시행하여 사회주의자, 독립운동가뿐만 아니라 일본 정부의 군사정책에 반대하는 자들까지 폭넓게 처벌을 하였는데,[26] 이와 관련하여 1940년대 들어서 개정된 치안유지법은 형이 종료되어 출소하기 전에 또다시 유사한 죄를 범할 우려가 현저한 경우 검사의 청구 및 재판소의 결정으로 2년의 추가 복역을 가능하게 하고 이를 2년마다 갱신할 수 있도록 하는 '예방구금 제도'를 두고 있었다.[27]

손양원 목사는 이러한 예방 구금 제도의 희생자가 되었던 것이다. 이러한 손양원 목사의 순종은 사드락, 메삭, 아벳느고와 같은 "그렇게 아니하실지라도"의 순종이었다고 본다. 즉, 손양원 목사에게 있어서 순종이란, 하나님께서 현세의 복을 허락해 주시지 않는다고 하여도 그와 관계없이 하나님의 명령을 따르는 것이었던 것이다.

손양원 목사의 신실한 삶은 신사참배 문제뿐만 아니라 여수·순천 사건의 와중에서 자신의 두 아들을 죽인 원수를 양아들로 삼았던 것,[28] 6·25 전쟁이 한창 진행되어 북한군이 여수 근처까지 전진한 와중에도 한센병 환자들이 남아 있던 애양원 교회를 버리지 않고 지켰던 것을 통해서도 드러난다.[29]

이쯤 되면 많은 사람들이 하나님께서 극적인 순간에 손양원 목사를 구원하시고, 또한 그에게 세속적으로 큰 복을 주시지 않으셨을까라고 생각할지 모른다. 그러나 그렇지 않았다. 손양원 목사는 결국 애양원 교회까지 들이닥친 북한군에게 잡히어 북한군의 총에 맞아 순교하였다.[30]

손양원 목사의 결말은 사드락, 메삭, 아벳느고의 경우처럼 하나님께서 구해주신 후에 남은 생애 동안 부귀영화를 누렸더라는 류의 듣기 좋은 해피 엔딩이 아닌 것이다. 물론 어떤 이는 손양원 목사의 후손이 복을 받았다면, 그것이 바로 하나님의 축복의 결과임을 보여 주는 것이 아니냐고 말할 수도 있다. 그러나 그것은 가능성의 문제일 뿐이다. 손양원 목사의 후손 중에는 세속적 관점의 '복'을 받은 사람이 있을 것이고, 또한 그렇지 않은 사람도 있을 것이다.

우리는 주위에서 신실한 그리스도인들의 자녀들 중에, 심지어 목사의 자녀들 중에서도 '복'을 받지 못한 경우가 있음을 볼 수 있다. 따라서 나는 그리스도인들이 순종하더라도 하나님께서 우리에게 혹은 우리의 후손에게 세속적인 복을 부여해 주실 수도 있고, 그렇지 않을 수도 있다는 사실을 명확히 인식해야 한다고 생각한다.

요약하면, 사드락, 메삭, 아벳느고의 순종과 손양원 목사의 생애를 통해, 하나님께서 원하시는 것은 바로 "그렇게 아니하실지라도"의 순종임을 알 수 있다. 순종의 결과 현세에서의 복이 부여되지 않을 수도 있지만, 그럼에도 불구하고 그리스도인들은 하나님의 명령에 순종해야 하는 것이다. 이러한 순종은 과정 지향적인 순종임에 틀림없다.

5) 욥의 순종

욥은 소위 말하는 '잘 나가는' 사람이었다. 자식이 많고 가축도 많았는데, 성경은 "욥은 동방에서 가장 큰사람이었습니다"(욥 1:3)라고까지 표현하고 있다. 그런데 욥은 하루아침에 대부분의 재산은 물론이고 자녀들까지 모두 잃게 되었다(욥 1:13-19).

참고로 여기서 욥에게 재앙이 닥치게 된 배경을 살펴볼 필요가 있다. 사탄은 하나님께 와서 다음과 같이 말한다.

"욥이 아무런 이유 없이 하나님을 경외하겠습니까? 주께서 그와 그 집안과 그가 가진 모든 것의 사면에 울타리를 쳐주지 않으셨습니까? 주께서 욥이 손대는 일에 복을 주셔서 그 가축이 땅에서 늘어가는 것입니다. 하지만 주께서 손을 뻗어 그가 가진 모든 것을 쳐보십시오. 그러면 그가 분명 주의 얼굴에 대고 저주할 것입니다"(욥 1:9-11).

위와 같은 사탄의 말을 요약하면 "현세에서 복을 주시니까 욥이 하나님을 믿는 것입니다. 그 복을 모두 없애버리면 욥은 하나님을 믿지 않을 것입니다"인데, **이러한 사탄의 말은 결과 지향적 신앙의 면모를 여실히 보여 주는 것이다. 즉, 현세에서 복을 받는 것이 신앙의 조건이 되는 것이다.**

이러한 시점에서 욥의 고백은 어찌 보면 충격적으로까지 들린다.

"내가 내 어머니의 모태에서 벌거벗고 나왔으니 떠날 때도 벌거벗고 갈 것입니다. 여호와께서 주신 것을 여호와께서 가져가시니 여호와의 이름이 찬양받으시기를 바랍니다"(욥 1:21-22).

이후에 욥의 온몸에 종기까지 나자 욥의 아내는 분한 마음에 욥에게 "아직도 그 잘난 충성심이나 붙들고 있다니! 차라리 하나님을 저주하고 죽어 버려요!"(욥 2:9)라고 소리치게 된다. 여기서 또 한 번 욥의 고백이 매우 놀랍게 들린다.

"우리가 하나님께 좋은 것만 받고 고난은 받지 않겠다는 것이요?" (욥 2:10).

위와 같은 욥의 두 가지 고백을 들어보면, 욥은 과정 지향적인 순종을 했던 것이 분명하다. 욥은 자녀들과 재산을 잃고 자신의 건강마저 심하게 악화된 상황에서 하나님을 원망하지 않았다. 만약 욥이 결과 지향적인 순종을 해왔더라면, 욥은 자식과 재산을 잃고 난 후 두 가지 방향으로 고민을 했을 것이다.

첫 번째 고민은, 순종하면 현세의 복을 주시는 하나님이시니 자신이 혹시 순종하지 않아서 이런 재앙이 임한 것은 아닌가 하는 것이다. 그런데 욥은 "흠이 없고 정직할 뿐 아니라 하나님을 경외하며 악을 멀리하는 사람"(욥 1:1)이었고, 하나님 역시 "땅 위에 그런 사람이 없다. 그는 흠이 없고 정직한 자로서 하나님을 경외하고 악을 멀리하는 사람"(욥 1:8)이라고 말씀하셨다. 그렇다면 욥은 하나님께 온전히 순종하는 자였다는 의미가 되므로, 욥은 자신의 불순종이 이런 일을 초래했을 가능성에 대해 별다른 고민을 하지 않았을 것이다.

두 번째 고민은, 현세에서 복을 주시지 않음을 이유로 하나님을 원망하거나 하나님의 존재 자체를 의심하게 되는 것이다. 순종하면 현세의 복을 주시는 하나님인데, 순종했는데도 불구하고 그러한 재앙이 임했으니, 욥으로서는 약속을 지키지 않는 하나님을 원망하거나 혹은 자신이 믿는 하나님이 정말 계신지 큰 의심이 들었을 것이다.

그러나 욥은 재앙이 임한 큰 슬픔으로 인해 하나님께 울부짖을지언정, 현세에서의 복을 주시지 않음을 이유로 하나님을 원망하지는 않았다. 오히려 그는 내가 좋은 것을 받았으니 고난도 받을 수 있다며 인간의 인생을 주관하시는 하나님의 주권을 인정하는 고백을 하였다. 이러한 욥의 모습을 볼 때, 결국 욥은 두 번째 고민도 하지 않았을 것으로 보인다. 이와 관련하여 영국 쉐필드 대학교의 데이비드 클라인즈(David J. A. Clines) 교수는 다음과 같이 욥기를 관통하는 진리를 강조한다.

> 욥기를 전체적으로 볼 때, 욥의 경우에서 그러했듯이, 단지 인간이 어떠한 보상도 기대하지 않고 하나님을 섬길 수 있다는 하나님의 주장을 정당화하기 위해, 때때로 고난은 아무런 원인 없이도 발생할 수 있다는 사실이 더해진다.[31]

이러한 욥의 상황과 그 과정에서의 욥의 고백은 욥이 과정 지향적인 순종을 해왔고, 하나님 역시 그러한 순종을 원하셨음을 여실히 보여 준다. 하나님은 결국에는 "욥의 말이 옳다"고 하며, 욥을 지지하셨다(욥 42:7-8). 물론 그 후에 욥에게 다시금 현세의 복이 부여되기는 하였으나, 그것은 하나님이 욥의 과정 지향적 순종을 기쁘게 여기셨기 때문이지, 하나님이 결과 지향적 면모를 지니고 있기 때문이 아닐 것이다. 욥 역시 세속적인 복을 희망하는 결과 지향적인 태도를 가지지도 않았다. 욥기 어디에도 욥이 하나님께 순종하면 하나님께서 다시금 현세의 복을 주실 것이라고 믿고 이를 희망했다는 기록은 없다. 오히려 욥은 자신의 소망이 금과 재물의 풍부함에 있지 않다고 고백했다(욥 31:24-28).

또한 그에 앞서, 욥에게 잃었던 재산이 회복되었으므로 이를 현세의 복이라고 할 수는 있다고 하더라도, 이미 아들 일곱 명과 딸 세 명을 잃은 마당에 또 다른 자녀들이 태어나더라도 자식을 잃은 슬픔이 사라지지 않을 텐데, 과연 이를 두고 현세의 복이라고 볼 수 있을지 근본적인 의문이 들기도 한다.

그리스도인들은 욥이 다시금 현세의 복을 부여받았다는 사실에 초점을 맞춰서는 안 될 것이다. 욥과 같이 충성하다가 '새드 엔딩'(sad ending)을 맞이한 인물들은 전체 기독교 역사에서 매우 많다. 앞서 언급한 손양원 목사가 대표적인 예일 것이다. 따라서 그리스도인들은 욥이 맞이한 결말보다는 그 과정에서 보여 준 욥의 순종에 초점을 맞춰야 하는 것이다.

6) 예수님의 비유

하나님께서 과정 지향적인 면모를 지니고 계시다는 점은 성경 속의 인물들을 통해서뿐만 아니라, 예수님께서 비유를 통해 하신 말씀을 통해서도 확인할 수 있다.

(1) 열 달란트의 비유 (마 25:14-30)

예수님께서는 여러 가지 비유를 통해서 하나님의 섭리를 설파하셨는데 마태복음 25장 14절부터 30절에는 예수님께서 말씀하셨던 달란트의 비유가 나온다.

> [14]또한 하늘나라는 어떤 사람이 자기 종들을 불러 재산을 맡기고 여행을 떠나려는 것과 같다. [15]그는 종들의 능력에 따라 각각 5달란트, 2달란트, 1달란트를 주고 여행을 떠났다. [16]5달란트 받은 종은 곧장 가서 그 돈으로 장사해 5달란트를 더 벌었다. [17]마찬가지로 2달란트 받은 종도 2달란트를 더 벌었다. [18]그러나 1달란트 받은 종은 가서 땅에 구덩이를 파고 주인의 돈을 감춰 두었다. [19]시간이 흘러 그 종들의 주인이 집으로 돌아와 종들과 결산하게 됐다. [20]5달란트 받은 종이 주인에게 5달란트를 더 가져와 말했다. "주인님, 주인님은 제게 5달란트를 맡기셨습니다. 자, 보십시오. 제가 5달란트를 더 벌었습니다." [21]그러자 그의 주인이 대답했다. "잘했다. 착하고 신실한 종아! 네가 작은 일에 충성했으니 이제 더 많은 일을 맡기겠다. 와서 네 주인의 기쁨을 함께 나누자!" [22]2달란트 받은 종도 와서 말했다. "주인님, 주인님은 제게 2달란트를 맡기셨습니다. 자, 보십시오. 제가 2달란트를 더 벌었습니다." [23]그의 주인이 대답했다. "잘했다. 착하고 신실한 종아! 네가 작은 일에 충성했으니 이제 더 많은 일을 맡기겠다. 와서 네 주인의 기쁨을 함께 나누자!" [24]그때 1달란트 받은 종이 와서 말했다. "주인님, 저는 주인님이 굳은 분이라 심지 않은 데서 거두시고 씨 뿌리지 않은 곳에서도 곡식을 모으시는 것을 압니다. [25]그래서 저는 두

> 려운 나머지 나가서 주인님의 돈을 땅에 감춰 두었습니다. 보십시오. 여기 주인님의 것이 있습니다." [26]주인이 대답했다. "이 악하고 게으른 종아! 내가 심지 않은 데서 거두고 씨 뿌리지 않은 곳에서 곡식을 모으는 줄 알았느냐? [27]그렇다면 너는 내 돈을 돈놀이하는 사람에게라도 맡겼어야 하지 않느냐? 그랬다면 내가 돌아와서 그 돈에다 이자라도 받았을 것이다. [28]저 종에게서 1달란트를 빼앗아 10달란트 가진 종에게 주어라. [29]누구든지 있는 사람은 더 많이 받아 풍성해질 것이며 없는 사람은 있는 것마저 모두 빼앗길 것이다. [30]이 쓸모없는 종을 바깥 어둠 속으로 내쫓아라. 거기서 슬피 울며 이를 갈게 될 것이다."

똑같은 칭찬

위 구절과 관련해서 내가 가장 먼저 말하고 싶은 것은, 다섯 달란트를 받아 추가적으로 다섯 달란트를 남긴 사람이나 두 달란트를 받아 추가적으로 두 달란트를 남긴 사람이나 주인으로부터 모두 똑같이 "착하고 신실한 종"이라는 칭찬을 받았다는 점이다(21, 23절).

영국 옥스포드대 위클리프 홀(Wycliffe Hall)의 학장이었던 리처드 프란스(Richard T. France) 역시 이 부분에 대해 "성공적인 두 종은 그들이 본래 맡은 책임의 규모가 다르고, 따라서 그 공적이 달랐지만, 주인으로부터 똑같은 칭찬을 받고 있다는 것이 중요하다"고 설명하고 있다.[32] 만약 주인이 칭찬하려는 것이 이윤의 크기에 맞춰져 있었다면, 다섯 달란트를 남긴 사람이 두 달란트를 남긴 사람보다 더 큰 칭찬을 받았어야 할 것이다. 그러나 주인은 그렇게 하지 않았다. 즉, 주인은 종들이 각자 받은 달란트를 가지고 이를 잘 활용했느냐라는 '과정'에 초점을 맞춘 것이지, 얼마만큼의 이윤을 남겼느냐라는 '결과'에 초점을 맞춘 것은 아닌 것이다.

미국 그레이스 커뮤니티 교회(Grace Community Church)의 존 맥아더 목사 역시 **"다섯 달란트를 받은 사람과 두 달란트를 받은 사람은 각각 그만큼의 보상을 받았는데, 이는 그들의 결과에 근거한 것이 아니라 그들의 충성에 근거한 것이다"**라고 설명하였다.[33] 이러한 점은 얀 밀리치 로흐만 교수가 아래와 같이 이익(profit) 추구와 하나님 나라에서의 성공을 구별해야 한다고 주장한 것과 일치되는 것이라고 생각된다.

> 이익(profit)이란 흔히 세상에서 우리의 야심적인 성공의 표시이지, 하나님 나라에서의 성공은 아니다. 만약 이러한 구별이 무시된다면, 행위가 행위로 인한 구원이 되고, 생산성이 종교가 되며, 성취가 성취주의가 되는 분위기를 만들게 된다.[34]

우리는 로흐만 교수의 위와 같은 언급 중에서 특히 "생산성이 종교"가 될 수 있다는 점에 대해 경계를 해야 할 것이다. 왜냐하면 최근 개신교계가 기복주의, 물질주의, 성장주의 등으로 많은 비판을 받고 있듯이, 어쩌면 개신교의 많은 부분이 생산성의 확대를 지향하는 원리에 의해 이미 물들어 있을지 모르기 때문이다.

한 달란트를 받은 종이 최선을 다한 경우

혹자는 다섯 달란트를 남긴 사람이나 두 달란트를 남긴 사람이나 모두 결국에는 주어진 달란트의 100%에 해당되는 이익을 남긴 것이므로(즉, 다섯 달란트를 받은 사람은 다섯 달란트를, 두 달란트를 받은 사람은 두 달란트를 남겼으므로), 그러한 100%의 이익을 초과 달성한 것에 대해 똑같이 칭찬을 받은 것이고, 만약 어떤 사람이 50%의 이익밖에 못 남겼다면 똑같은 칭찬을 받지 못했을 것이라고 반박할 수도 있다.

이러한 반박은 다음의 의문을 해결하는 과정에서 재반박될 수 있다. 만약 한 달란트를 받은 종이 "바로 가서 그것으로 장사"를 하였으나 제대로 이윤을 남기지 못하고 한 달란트 그대로 가지고 있었다면 과연 그 주인은 무엇이라고 했을 것인가? 그 주인은 과정이야 어찌 됐든 이윤을 남기지 못했다는 이유로 한 달란트를 받은 종을 꾸짖을 것인가? 아니면 그 과정에서 최선을 다했으니 다섯 달란트 혹은 두 달란트를 남긴 일꾼들에게 했던 것과 마찬가지로 똑같은 칭찬을 부여할 것인가?

위와 같은 의문을 해결하기 위해서는 위 구절의 비유가 실제로는 무엇을 대상으로 하고 있는지를 확인하는 것이 선행되어야 할 것이다. 일반적인 해석에 따를 때, 위 구절에서 달란트의 숫자는 우리들에게 각각 주어진 재능 혹은 능력의 크기를 뜻하고, 달란트를 가지고 장사를 하는 것은 현재의 삶에서 그러한 재능 혹은 능력을 발휘

하는 것을 의미한다.[35]

그렇다면 위 질문을 바꾸어보자. '만약 전도의 능력을 제대로 가지지 못한 A라는 그리스도인(한 달란트를 받은 종)이 평생 동안 전도를 위해 열심히 노력했으나(바로 가서 그것으로 장사를 하였으나), 믿지 않는 사람을 단 한 명도 예수님의 자녀로 만들지 못하고 죽었다면(제대로 이윤을 남기지 못하고 한 달란트 그대로 가지고 있었다면) 과연 천국에서 하나님은 A를 보고 뭐라고 하실까?'

이처럼 질문을 바꿔보면 대답은 분명하다고 생각된다. 그것은 하나님은 A를 착하고 신실한 종이라고 할 것이고, 결코 악하고 게으른 종이라고 칭하지 않을 것이라는 것이다. 이와 관련하여 《톰슨 III 성경주석》 역시 동일한 방향으로 달란트의 비유를 해석하고 있다.

> 그(한 달란트를 받은 종_저자 주)는 하나님께서 주신 재능을 활용치 않고 사장해 버렸는데, 이는 하나님께 대한 책무를 다하지 못한 행위이다. 만일 그가 어떻게든 받은바 재능을 가지고 열심히 봉사하려고 노력만 했더라면 얼마간의 이득은 남길 수 있었을 것이다. <u>아니 비록 아무 이익도 남기지 못했다 할지라도 그가 노력했다는 점만큼은 하나님께 인정받았을 것이다.</u>[36]

혹자는 위와 같이 변경된 질문이 극단적인 경우를 상정한 것이라고 말할 수도 있을 것이다. 평생 동안 진지하게, 그리고 열심히 노력한다면 전도의 열매가 없을 수 없다는 근거로 말이다. 그러나 위 질문은 결코 극단적인 경우가 아니다. 우리는 주위에서 예수님을 믿게 된 지 얼마 안 되어 죽음을 맞이하는 사람을 볼 수 있다.

어떤 사람은 병원에서 말기암과 투병하는 와중에 예수님을 믿기 시작하기도 하고, 어떤 사람은 건강한 상태에서 예수님을 믿게 되었다가 갑작스럽게 죽음을 맞닥뜨리기도 한다. 그러한 사람들이 짧은 시간이나마 복음 전파를 위해 열심히 일하다가 구체적인 열매를 맺지 못하고(즉, 단 한 명도 예수님을 믿게 하지 못하고) 죽음을 맞이할 수 있는 것이다. 이들은 하나님 앞에서 수많은 사람들을 전도한 사람들과 마찬가지로 착하고 신실한 종이라는 칭찬을 받을 자격이 없는 것인가? 나는 그렇지 않다고 생각한다.

이러한 결론은 비단 전도와 같은 신앙적 영역에만 적용되는 것은 아닐 것이다. 이러한 달란트의 비유가 "각자의 생업에 종사하면서 열심히 일하는 성실한 삶에 하나님의 부르심의 목적이 있다"는 직업 소명론의 근거가 된다고 보더라도,[37] 하나님께서는 그리스도인들의 생업 추구에 있어서 주된 평가의 대상을 과정에서의 최선 여부에 두시지, 결과에서의 목표 달성 여부에 두시지는 않을 것이다.

열 므나 비유와의 관련성

이와 관련하여 누가복음 19장 11절부터 27절의 '열 므나의 비유'에 근거하여 하나님은 이윤이라는 결과를 강조하는 면이 있다고 주장하는 이가 있을 수 있다. 이러한 주장이 가능한 이유는 열 므나의 비유가 달란트의 비유와 유사한 구조를 가지면서도 주인이 더 많은 이윤을 남긴 종에게 더 큰 보상을 부여하고 있기 때문이다. 즉, 주인이 종 열 명에게 각각 은화 한 므나씩 주며 돌아올 때까지 장사하라고 명령한 것에 대해, 첫 번째 종이 한 므나로 열 므나의 이윤을 남기자 주인은 10개 마을을 다스릴 수 있게 해주고, 두 번째 종이 한 므나로 다섯 므나의 이윤을 남기자 주인은 5개 마을을 다스릴 수 있게 해준 것이다.

이것은 달란트 비유와 다른 결과이다. 왜냐하면 달란트 비유에서는 다섯 달란트를 남긴 종이나 두 달란트를 남긴 종이나 똑같이 "착하고 신실한 종"이라는 칭찬을 받았고, 또한 주인이 "네가 작은 일에 충성했으니 이제 더 많은 일을 맡기겠다"고 언급했을 뿐 그 이후 새로 맡기는 일에 차등을 두었다는 언급이 없기 때문이다.

그러나 충성의 결과로서 주어지는 보상의 크기가 다르다는 점이 하나님이 결과 지향적이라는 결론을 뒷받침할 수는 없다고 본다. 왜냐하면 열 므나의 비유에서 열 므나를 남긴 종에게 10개 마을을 다스리도록 한 것은 그 종의 능력의 크기에 따른 것이기 때문이다.[38]

즉, 똑같이 충성하더라도 하나님께서 주신 능력이 10이라서 10므나를 남겼다면 한 도시의 시장이 될 수 있는 결과를 부여받는 것이고, 그게 아니라 능력이 5라서 5므나를 남겼다면 구청장 또는 주민센터장이 될 수 있는 결과를 부여받는 것이다. 결과적인 보상의 크기가 다르다고 해서 이를 두고 하나님이 결과 지향적이라는 결론으로 이어져서는 결코 안 될 것이다. 그렇다면 열 므나의 비유 역시 과정에서의 순종에 초점을 두고 있다고 볼 수 있을 것이다.

(2) 포도원 일꾼의 비유(마 20:1-16)

마태복음 20장 1절부터 16절에는 예수님께서 말씀하셨던 포도원 일꾼의 비유가 나온다.

> [1]하늘나라는 자기 포도원에서 일할 일꾼을 고용하려고 이른 아침에 집을 나선 어떤 포도원 주인과 같다. [2]그 주인은 하루 품삯으로 1데나리온을 주기로 하고 일꾼들을 포도원으로 보냈다. [3]오전 9시쯤 돼 그가 나가 보니 시장에 빈둥거리는 사람들이 있었다. [4]그는 그들에게 "너희도 내 포도원에 가서 일하라. 적당한 품삯을 주겠다"라고 했다. (5절) 그래서 그들도 포도원으로 들어갔다. 그 사람은 12시와 오후 3시쯤에도 다시 나가 또 그렇게 했다. [6]그리고 오후 5시쯤 다시 나가 보니 아직도 빈둥거리며 서 있는 사람들이 있었다. 그는 "왜 하루 종일 하는 일 없이 여기서 빈둥거리고 있느냐?"고 물었다. [7]그들은 "아무도 일자리를 주지 않습니다"라고 대답했다. 주인이 그들에게 말했다. "너희도 내 포도원에 와서 일하라"고 말했다. [8]날이 저물자 포도원 주인이 관리인에게 말했다. "일꾼들을 불러 품삯을 지불하여라. 맨 나중에 고용된 사람부터 시작해서 맨 처음 고용된 사람까지 그 순서대로 주어라." [9]오후 5시에 고용된 일꾼들이 와서 각각 1데나리온씩 받았다. [10]맨 처음 고용된 일꾼들이 와서는 자기들이 더 많이 받으리라고 기대했다. 그러나 각 사람이 똑같이 1데나리온씩 받았다. [11]그들은 품삯을 받고 포도원 주인을 향해 불평했다. [12]"나중에 고용된 일꾼들은 고작 한 시간밖에 일하지 않았습니다. 그런데 하루 종일 뙤약볕에서 고되게 일한 우리와 똑같은 일당을 주시다니요?" [13]그러자 포

> 포도원 주인이 일꾼 중 하나에게 대답했다. "여보게 친구, 나는 자네에게 잘못한 것이 없네. 자네가 처음에 1데나리온을 받고 일하겠다고 하지 않았나? ¹⁴그러니 자네 일당이나 받아 가게. 나중에 온 일꾼에게 자네와 똑같이 주는 것이 내 뜻이네. ¹⁵내가 내 것을 내 뜻대로 하는 것이 정당하지 않은가? 아니면 내가 선한 것이 자네 눈에 거슬리는가?" ¹⁶이처럼 나중 된 사람이 먼저 되고 먼저 된 사람이 나중 될 것이다.

포도원 일꾼의 비유에 대한 해석

위 구절에서 특히 주목해야 할 부분은 일꾼들에 따라 오전 9시, 오후 12시, 오후 3시, 오후 5시 등 일을 시작한 시간이 각각 다르다는 점이다. 일꾼들이 해가 질 때까지 일했으므로, 해가 진 시간을 오후 6시라고 가정하면 일꾼별로 일한 시간이 9시간, 6시간, 3시간, 1시간으로 달라지게 된다. 따라서 9시간 동안 일한 일꾼이 한 데나리온을 받은 후에 1시간 동안 일한 일꾼 역시 한 데나리온을 받은 것에 대해서 항의하는 것은 일면 타당한 것으로 보인다. 그럼에도 불구하고 포도원 주인은 모든 일꾼에게 똑같이 한 데나리온씩만 지급하였다. 즉, 포도원 주인은 일한 시간에 따라 차등하여 보상을 부여한 것이 아니라, 일한 시간이 얼마든지 똑같은 보상을 부여한 것이다. 이러한 포도원 일꾼의 비유를 어떻게 해석해야 하는가?

이에 대해서 《톰슨 III 성경주석》은 포도원 일꾼의 비유가 9시간 동안 일한 일꾼이나 1시간 동안 일한 일꾼이 모두 같은 품삯을 받은 것에 초점을 둔 것이 아니고, 하나님께서 먼저 온 자이든 나중에 온 자이든 모두에게 동일한 구원을 베푸신다는 점에 초점을 두고 있다고 밝히고 있다.

> 예수께서 이 비유를 통하여 나타내려 한 요지는 먼저 된 자(먼저 온 자)나 나중 된 자(나중 온 자)가 모두 똑같은 품삯을 받는다는 데 있지 않다. 그 요지는 ① 먼저 된 자나 나중 된 자나 동일하게 영생을 얻는 것은 하나님의 절대적인 주권에 의한 것(15절)이라는 점, ② 이 같은 하나님의 주권에 대해선 그 누구도 이의를 제기할 수 없다는 점, ③ 인간이 구원을 얻는 것은 어디까지나 인간의 공로가 아니라 하나님의 사랑에 기인한 것이라는 점이다.[39)]

9시부터 일한 일꾼들의 결과 지향적인 순종

그런데 내가 이러한 포도원 일꾼의 비유에서 초점을 맞추고자 하는 부분은 오전 9시부터 일하기 시작했던 일꾼들의 항의 내용이다. 이들은 "나중에 고용된 일꾼들은 고작 한 시간밖에 일하지 않았습니다. 그런데 하루 종일 뙤약볕에서 고되게 일한 우리와 똑같은 일당을 주시다니요?"라고 항의하고 있는데, 이는 결과 지향적인 신앙의 모습을 보여 주는 것으로 생각된다. 즉, **이들은 포도원 주인의 일을 맡아 처리하면서**(하나님께 순종하면서) **더 많은 보상을 받기를 기대하는 결과 지향적인 순종을 했던 것이다.**

물론 세속의 법에 의하면, 1시간 일한 사람과 9시간 일한 사람이 동일한 임금을 받는다면, 이는 부당한 임금에 해당될 가능성이 높다. 그런데 이러한 논리가 신앙에 그대로 적용되어서는 안 될 것이다. 헌신의 정도, 신앙생활의 기간 등에 따라 구원의 여부가 결정될 수 없는 것처럼, 마찬가지로 헌신의 정도, 신앙생활의 기간 등에 따라 현세에서 받는 복의 정도가 달라져야 하는 것은 아닌 것이다. 만약 위와 같은 논리가 적용되면, 오랫동안 신앙생활을 했음에도 불구하고 경제적 형편이 나아지지 않는 그리스도인은, 초신자임에도 불구하고 부유하게 사는 그리스도인을 보고서 하나님을 원망할 수 있게 되는 것이다.

이에 대해 포도원 주인은 그러한 태도가 잘못됐다고 강하게 꾸짖었다. 앞서 언급했듯이, 로흐만 교수는 업적지향 사회에서 가치판단의 기준은 "사람들의 일에 대한 생산성과 능률에 따라 정해진다"고 언급하였다. 그런데 이러한 생산성과 능률에 따르면, 당연히 9시간 동안 성실하게 일한 일꾼에게 최고의 보상이 주어지는 것이 맞는데, 예수님은 그것이 옳지 않다고 하고 있는 것이다.

결국 이러한 포도원 주인의 반응은 그리스도인들이 현세의 삶에서 하나님께 순종할 때 그러한 순종의 정도에 비례한 보상을 받기를 기대하고, 또한 이를 순종의 목적으로 삼는 것이 과연 성경적이라고 할 수 있는지에 대해 의문이 들게 만든다.

동일한 품삯에 대한 포도원 주인의 뜻

혹자는 이를 법적인 측면에서 바라보아, 9시간 동안 일한 일꾼이나 1시간 동안 일한 일꾼이나 당초에 한 데나리온씩 받기로 포도원 주인과 계약하였으므로 9시간 동안 일했다고 하더라도 한 데나리온을 초과하는 돈의 지급을 요청할 수 없는 것은 당연하다고 말할 수 있다. 포도원 주인 역시 유사한 관점에서 9시간 동안 일한 일꾼에게 애초에 한 데나리온만 주기로 약속했던 것을 상기시키며 더 이상 항의하지 말라고 말한다(13-14절).

하지만 그러한 법적인 측면을 넘어서서 초점을 맞춰야 하는 것은 애초에 포도원 주인이 왜 그런 식의 계약을 체결했느냐라는 사실이다. 14절에 언급되었듯이 "나중에 온 일꾼에게 자네와 똑같이 주는 것이 내 뜻"인데, 그렇다면 그 뜻이 무엇인지, 왜 그러한 보상 방식을 정했는지 알아볼 필요가 있다.

나는 이와 같은 보상 방식이 바로 하나님의 과정 지향적인 면모에 근거한 것이라고 생각한다. 일한 시간에 관계없이 모든 일꾼들이 동일한 보상을 지급받는 것은 하나님이 우리에게 약속하신 것이 무엇인지를 되돌아보게 한다.

어떤 사람은 모태신앙인일 수 있고, 어떤 사람은 20대 때 처음으로 예수님을 믿게 될 수도 있고, 또 어떤 사람은 60대가 되어서 처음으로 예수님을 믿게 될 수도 있다. 모태신앙인인 사람은 60대가 되어서 예수님을 믿게 된 사람에 비해 자신이 더 큰 상을 받아야 된다고 항의할 수도 있다. 과연 이러한 주장이 타당할까?

하나님이 우리에게 약속하신 것은, 그 시점이 언제든지 예수님을 믿는 순간부터 우리의 죄가 용서되고 하나님의 자녀가 되며, 또한 현재 생애에서의 평안을 얻고 죽음 후에 천국에 들어가게 된다는 것이다.

우리가 약속받은 상은 정해져 있고, 우리에게 주어진 사명은 죽을 때까지 그 과정에 있어서 순종하는 것이다. 포도원 주인이 9시간 동안 일한 일꾼에게 할 수 있는 가장 적절한 대답은 바로 이것일 것이다.

"너는 9시간 동안 나와 함께 포도원을 가꾸면서 나와 함께 재밌고 보람 있게 보내지 않았느냐? 그것만으로 충분한 것이 아니냐?"

이러한 대답은 돌아온 탕자의 비유로 일컬어지는 누가복음 15장 11절부터 32절에서, 늘 아버지 곁에서 충성하던 첫째 아들이 돌아온 탕자인 둘째 아들만 더 소중히 챙기는 아버지에게 불만을 제기한 것에 대해 아버지가 대답한 것과 일맥상통하는 것이다.

"애야, 너는 항상 나와 함께 있지 않느냐? 또 내가 가진 모든 것이 다 네 것이다. 그러나 네 동생은 죽었다가 다시 살아났고 내가 그를 잃었다가 찾았으니 우리가 잔치를 벌이며 기뻐하는 것이 당연하다" (눅 15:31-32).

리처드 프란스 역시 돌아온 탕자의 비유와 관련하여 우리가 하나님의 섭리를 이해할 수 없다고 하더라도 그것이 바로 하나님의 뜻임을 강조한다.

하나님의 은혜는 공정성에 대한 우리 인간의 생각에 제약을 받지 않는다. 하나님이 주시는 선물은 우리의 자격으로 받을 수 있는 것을 훨씬 넘어선다. 그러나 탕자의 이야기에 나오는 큰 형처럼 우리는 인간의 가치 기준을 버리고 우리 눈에 마땅히 자격이 없다고 여겨지는 사람들을 향한 하나님의 은혜는 그 넓은 마음을 받아들이기 어렵다.[40]

세속적인 원리와 성경적인 원리는 다른 것이기에, 우리가 세상에서 일반적으로 통용되는 원리를 하나님과 나와의 관계에서도 적용해 달라고 항의할 수는 없는 것이다. 그것은 하나님의 생각이 우리의 생각과 다르며, 하나님의 길이 우리의 길과 다르기 때문이다.

"죄를 지은 사람은 그 길을 버리고 나쁜 짓을 저지른 사람은 그 생각을 버리라. 그리고 여호와께로 돌아오라. 그러면 그가 불쌍히 여기실 것이다. 우리의 하나님께로 돌아오라. 그가 너그럽게 용서하실 것이다. 내 생각은 너희 생각과 다르고 내 길은 너희 길과 다르다. 여호와의 말씀이다. 하늘이 땅보다 높은 것처럼 내 길은 너희 길보다 높고 내 생각은 너희의 생각보다 높다"(사 55:7-9).

과정 지향적인 순종

결국 포도원 일꾼의 비유를 통해서도 하나님께서 우리에게 원하시는 것은, 순종의 정도에 따라 더 많이 보상받기를 바라는 마음에 근거한 결과 지향적인 순종이 아니라, 보상의 크기와 관계없이 현재의 삶을 신실하게 살아가는 과정 지향적인 순종임을 알 수 있다.

7) 하나님은 과정 지향적이다

과정 지향적인 신앙의 두 가지 측면

앞서 언급했듯이, 아브라함의 순종, 사드락, 메삭, 아벳느고의 순종, 욥의 순종, 달란트의 비유, 포도원 일꾼의 비유 등을 종합적으로 고려해 볼 때, 하나님은 과정 지향적이다라는 주장은 성경적으로 충분히 타당한 근거를 가지고 있다고 생각된다.

따라서 그리스도인들은 삶의 과정에서 하나님께 순종할 때, 현실에서의 보상을 순종의 대가 내지 목적으로 삼아서는 안 되고, 또한 결과 또는 성과보다는 과정에서 최선을 다하는 것에 더 큰 비중을 두어야 한다. 왜냐하면 하나님께서는 현실에서의 보상을 목적으로 한 순종을 원하지 않으시고, 나아가 하나님에 대한 순종은 현실에서의 좋은 결과의 달성과 무관하게 과정 그 자체로서 크나큰 의미가 있는 일이기 때문이다.

결국, 과정 지향적인 신앙은 크게 두 가지의 의무를 우리에게 부여하는데, 첫 번째는 하나님과 우리들의 관계에서, **그리스도인들이 전체적인 삶의 과정에 있어서 하나님께 순종하고 충성하는 것 그 자체를 중요시 여겨야 하고, 현세에서 부와 명예를 받는 것을 순종의 대가 내지 목적으로 삼아서는 안 된다.** 그러한 부와 명예는 부여될 수도 있고 때로는 부여되지 않을 수도 있음을 명확히 인식해야 하는 것이다. 이러한 점은 아브라함의 순종, 사드락, 메삭, 아벳느고의 순종, 욥의 순종, 포도원 일꾼의 비유에 의해 뒷받침될 수 있다.

두 번째는 사람들 간의 관계에서, 그리스도인들이 회사에서 어떠한 업무를 맡게 될 때와 같이 일상적인 삶의 영역에 있어서 결과적으로 획득된 것보다는 과정에서 최선을 다하는 것에 더 큰 비중을 두어야 한다는 것이다. 이러한 점은 달란트의 비유에 의해 뒷받침될 수 있다.

하나님은 신실한 그리스도인들에게 반드시 현세의 축복을 주시는가?

한 가지 검토하고 넘어가야 할 의문은, 바로 '하나님은 신실한 그리스도인에게 반드시 현세의 축복을 주시는가?'라는 것이다. 이와 관련하여 혹자는 "너희가 악할지라도 자녀에게는 좋은 것을 줄 줄 아는데 하물며 하늘에 계신 너희 아버지께서 구하는 사람에게 좋은 것을 주시지 않겠느냐?"(마 7:11), "공중에 나는 저 새들을 보라. 씨를 뿌리지도 거두지도 창고에 쌓아 두지도 않지만 하늘에 계신 너희 아버지께서 먹이신다. 너희는 새들보다 얼마나 더 귀하냐?"(마 6:26) 등의 구절에 근거하여 하나님께서는 신실한 삶을 사는 그리스도인에게 결국에는 현세의 복을 허락하신다고 주장할 수도 있다. 예를 들어, 김동호 목사는 다음과 같이 신실한 삶을 살면 결국에는 돈을 벌 수 있다고 주장하기도 한다.

> 공정하지 않은 방법으로 돈을 벌면 땅에 보물을 쌓는 사람이 될 수밖에 없다. 이런 사람은 자신의 권력과 지위를 이용해 돈을 벌거나

뇌물을 주고 다른 사람의 권력과 지위를 사서 그것을 이용해 돈을 번다…(중략)…그러면 어떻게 해야 할까? 믿는 사람들은 이 좁은 길을 기도와 실력으로 승부하며 나아가야 한다. 힘들어도 어려워도 남들보다 좀 늦는 것 같아도 믿음으로 버티면 결국 승리하리라고 믿는다. 물론 돈도 벌 수 있다고 믿는다.[41]

이와 관련하여 번영신학은 "하나님은 인간이 세상에서 가난하고 병들고 절망 가운데 사는 것을 원하지 않으며 물질적으로 풍요한 삶을 살도록 축복하기를 원한다"는 논리로 하나님은 그의 자녀들에게 반드시 물질적인 축복을 부여한다고 주장한다.[42]

그러나 나는 "신실한 삶을 살면 하나님께서 현세의 복을 주실 가능성이 높지만 그렇지 않을 수도 있다"라고 말할 수는 있어도, "신실한 삶을 살면 하나님께서 현세의 복을 반드시 주신다"고 확신할 수는 없다고 생각한다. 왜냐하면 앞서 언급했듯이, 신실한 삶을 살면서도 새드 엔딩을 맞이한 그리스도인들이 기독교 역사에서 매우 많기 때문이다. 신실한 삶을 살다가 순교했던 사도 바울,[43] 베드로,[44] 스데반(행 7:59-60)부터 시작해서 기독교 역사에서 평생 세속적인 성공을 얻지 못한 신실한 그리스도인들은 이루 헤아릴 수 없이 많다.

"신실한 삶을 살면 하나님께서 현세의 복을 반드시 주신다"는 명제가 성경의 일부 구절에 의해서 연역적으로 타당성을 얻을 수는 있다고 가정해도, 우리가 현실에서 볼 수 있는 구체적인 사례들을 볼 때, 이는 결코 일반화될 수 없는 명제임을 알 수 있다. 우리는 현실에서 얻은 증거들 앞에서 눈을 감고 있어서는 안 되는 것이다. 데이

비드 J. A. 클라인즈 교수 역시 욥기의 세 친구들의 예를 통해 이러한 현실적 증거의 중요성을 강조한다.

> 그러나 그들이(욥의 세 친구들_저자 주) 욥을 저버리는 지점은, 그들이 눈과 귀로 직접 보고 들은 증거로부터 실마리를 얻지 않고, 그것을 자신들의 교리로부터 얻은 때다. 그들은 욥이 선한 사람이라는 것을 알지만, 그의 고난이 선함에 반대되는 증거라고 생각함으로써 그를 부당하게 취급한다.[45]

한편, 한신대학교 신학과 류장현 교수는 다음과 같이 번영신학의 문제점을 비판한다.

> 인간의 행위에 따라서 보상하시는 하나님은 성서가 증언하는 하나님이 아니라 자판기의 하나님(The Vending Machine God)이다. 그것은 자판기가 정해진 액수의 돈을 넣고 단추를 누르면 원하는 물품이 자동적으로 나오는 기계인 것처럼, 언제든지 인간에 의해서 조종될 수 있는 신이며 인간의 필요와 소원을 항상 들어주는 하나님을 의미한다. 그것은 하나님이 아니라 인간의 욕구를 충족시키는 우상에 불과하다.[46]

미국 엘리자베스타운 칼리지(Elizabethtown College)의 도널드 크레이빌 교수 역시 "예수를 믿기만 하면 모든 것이 잘될 것이다"라는 믿음의 위험성을 다음과 같이 지적한다.

우리는 기독교 신앙의 겉에 사탕을 바르려는 유혹을 느낀다. 우리는 제자도로의 부르심은 잘라 버리고, 영적인 솜털과 거품에 초점을 맞춘다. 우리는 때로 서로에게 "예수를 믿기만 하면, 모든 것이 잘될 것이다"라고 말한다. 그러나 기독교 신앙의 본질은 기꺼이 십자가의 길을 가는 것에 있다. 복음에 요구되는 값비싼 결정은 성공의 하나님을 경배하는 솜털 같은 신앙과 마찰을 일으킨다. 우리는 예수를 따르기만 하면 거의 모든 일에서 성공할 것이다라는 말을 듣는다…(중략)… 이런 거품식의 접근은 저 낡은 사회적 질서에 종교적인 껍질을 덮어 씌우는 일이다.[47]

또한 존 비비어는 성경에서 말하는 복이 반드시 현실적인 것들로 나타나는 것은 아님을 밝히고 있다.

베드로는 계속 권고한다. "악을 악으로 욕을 욕으로 갚지 말고 도리어 복을 빌라 이를 위하여 너희가 부르심을 입었으니 이는 복을 유업으로 받게 하려 하심이라"(벧전 3:9.) 여기서 복이란 현실적인 것들로 나타날 때도 많지만 반드시 그렇지 않을 수도 있다. 오히려 복은 그리스도를 닮은 성품, 하나님 나라의 진보, 영원한 상급 등 좀 더 중요한 부분에 찾아온다.[48]

물론 아브라함처럼 하나님께서 직접적으로 현세의 복을 주시겠다고 약속하는 경우도 있을 것이다. 하나님은 아브라함에게 "내가 너로 큰 민족을 만들고 네게 복을 주어 네 이름을 크게 할 것이니 네가 복의 근원이 될 것이라"(창 12:2)라고 약속하셨다.

하지만 아브라함과 같이 하나님으로부터 직접적인 축복의 약속을 받는 그리스도인은 많지 않을 것이다. 만약 스스로가 하나님으로부터 직접적인 약속을 받았다고 확신하고, 그러한 확신이 타당한 것이라면, 그런 경우에는 예외에 해당될 것이다. 그런 예외에 해당되지 않는 대부분의 그리스도인들에게, 하나님은 때로는 현실적인 복을 주실 수도 있고, 때로는 그렇지 않을 수도 있을 것이다.

따라서 그리스도인들은 하나님께서 신실한 그리스도인들에게 반드시 현세의 축복을 부여해 주시는 분이라고 믿어서는 안 될 것이다. 그러한 믿음은, 그리스도인들로 하여금 하나님에 대한 순종의 목적을 물질적인 보상에 두도록 만들 수 있다.

하나님은 신실한 그리스도인들에게 천국에서의 상급에 차등을 두시는가?

하나님은 비록 그리스도인들의 순종의 정도에 따라 현세에서의 삶에 차등을 두시지는 않는다고 하더라도, 천국에서는 차등을 두시는가? 이와 관련해서는 "기뻐하고 즐거워하라. 하늘에서 너희들의 상이 크다"(마 5:12), "인자가 천사들과 함께 아버지의 영광으로 다시 올 것이다. 그때 인자는 각 사람이 행한 대로 갚아 줄 것이다"(마 16:27) 등의 구절에 근거하여, 천국에서의 상급에 차등이 있다는 주장이 있다.[49]

이에 반해 "너는 죽도록 충성하여라. 그러면 내가 생명의 면류관을 네게 줄 것이다"(계 2:10) 등의 구절에 근거하여, 그리스도인이 받을 상급은 영생밖에 없으며 따라서 천국에서의 상급에 차등이 없다는 주장도 있다.[50]

신학적 깊이가 얕은 내가 위 두 견해의 옳고 그름을 판단하기는 어렵다. 또한 이 책의 초점이 현세에서의 물질적 보상과 관련된 것인 이상, 천국에서의 상급을 자세히 논하는 것은 적절하지 않은 것 같기도 하다. 다만, 그리스도인들이 천국에서의 차등적인 상급을 순종의 대가 내지 목적으로 여기다 보면, 이 역시 또 다른 형태의 결과 지향적인 순종으로 흐르게 되지 않을까 염려가 된다. 왜냐하면 이러한 천국에서의 차등 상급을 강조하다 보면, 예컨대 그리스도인들이 이웃을 사랑하는 것이 그 자체로 의미가 있기보다는, 천국에서 상급을 받으려는 욕심에 따른 것으로 변질될 우려가 있기 때문이다. 이러한 태도는 순종에 대한 대가를 바라는 결과 지향적 신앙과 유사한 측면이 있으며, 다만 그 대가가 현세에서 주어지느냐 아니면 천국에서 주어지느냐의 차이가 있을 뿐이다.

하나님은 그리스도인들의 삶을 평가하실 때 결과적인 성과를 전적으로 제외하시는가?

과연 하나님께서는 그리스도인들의 삶을 평가하실 때, 과정만을 평가하시는가 아니면 결과적인 성과까지 고려하시는가? 예를 들어, 평생 지방에서 교회를 개척하여 성실히 섬겼으나 그다지 큰 전도의 열매를 맺지 못한 목사와 대도시에서 교회를 크게 부흥시킨 목사에 대해 하나님은 어떻게 평가하실 것인가? 이는 앞서의 천국에서의 차등 상급 문제와는 다른 차원의 문제이다. 왜냐하면 천국에서의 차등 상급이 존재한다고 하더라도, 그 차등 상급은 과정에서의 순종만을 평가하여 부여될 수도 있고, 아니면 결과까지 함께 평가될 수도 있기 때문이다.

이에 대해서도 나는 어느 것이 옳다고 판단하기가 어렵다. 다만, 하나님은 과정 지향적인 면모를 지니고 계시기에, 최소한 결과보다는 과정에 더 큰 비중을 두는 방향으로 그리스도인들의 삶을 평가하실 것이라 본다.

8) 삶의 목표 설정과 과정 지향적인 삶과의 관계

과정 지향적인 삶을 사는 것과 삶의 목표를 설정하는 것에는 어떤 관계가 있는가? 예를 들어, 어떤 시험에서 합격하는 것을 목표로 공부하는 것은 특정한 결과를 지향하는 것이므로 과정 지향적인 삶과는 배치되는 것인가? 그러나 나는 시험에서 합격을 목표로 공부하는 것은 과정 지향적인 삶에서도 얼마든지 있을 수 있는 일이고, 또한 필요한 일이라고 생각한다. 왜냐하면 앞서 언급했듯이 과정 지향적인 삶을 산다고 해서 결과 획득의 중요성을 간과하는 것이 전혀 아니기 때문이다. 어떤 시험을 목표로 공부하는 그리스도인이 과정 지향적인 삶을 살고 있느냐, 아니면 결과 지향적인 삶을 살고 있느냐는 점은 아래의 두 가지 질문에 대한 대답을 통해서 결정될 수 있다.

첫 번째 질문은, 자신이 왜 그 시험에서 합격하기를 원하는가이다. 나의 높아짐을 위해서인가, 아니면 시험에 합격함으로써 하나님에 의해 선한 일꾼으로 사용되기 위해서인가? 사실 이 질문에 대한 답변은 자기 자신 외에는 누구도 정확히 알기 어렵다. 왜냐하면 어떤 그리스도인이 대입 수능시험, 공무원 시험, 자격증 시험 등을 준비하면서, 겉으로는 합격한 후에 하나님에 의해 사용받기를 원한다고 얘기할 수 있으나, 내면으로는 나의 높아짐, 나의 성공이 더 우선되는 목적일 수 있기 때문이다.

따라서 이에 대해서는 각자가 자신의 내면에 대해 솔직해질 필요가 있다고 생각한다. 만약 진정한 목적이 나의 높아짐이라면, 그것은 결과 지향적인 신앙에 가까울 것이고, 그것이 아니라 하나님에 의해 선하게 사용되기 위함이라면, 그것은 과정 지향적인 신앙에 가까울 것이다.

두 번째 질문은, 만약 시험을 준비하는 과정에서 이웃 사랑을 실천해야 하는 상황이 발생되는 경우 나는 어떻게 행동할 것인가이다. 예를 들어, 시험이 얼마 안 남은 상황에서 주위의 친구가 개인적인 일로 매우 힘들어하고 정신적으로 불안정한 상황이라고 할 때, 나는 시험공부를 하기에도 모자란 시간을 기꺼이 내어서 그 친구를 위로해 주고 그 친구를 위해 기도할 것인가?

이 질문은 시험 합격이 삶의 부분적인 목표가 될 수는 있어도, 그것이 이웃 사랑이라는 신앙적 목표보다 우선시 되는 목표가 되어서는 안 된다는 것을 내포하고 있다. 이렇듯 삶의 목표가 충돌하는 상황에서 어떻게 행동해야 하는가의 질문은 예수께서 이미 제기하셨던 문제이기도 하다.

예수께서 대답하셨습니다. "한 사람이 예루살렘에서 여리고로 가다가 강도들을 만나게 됐다. 강도들은 그의 옷을 벗기고 때려 거의 죽게 된 채로 내버려 두고 갔다"(눅 10:30). "마침 한 제사장이 그 길을 내려가는데 그 사람을 보더니 반대쪽으로 지나갔다"(31절). "이와 같이 한 레위 사람도 그곳에 이르러 그 사람을 보더니 반대쪽으로 지나갔다"(32절). "그러나 어떤 사마리아 사람은 길을 가다가 그 사람이 있는 곳에 이르러 그를 보고 불쌍한 마음이 들어"(33절) "가까이 다가가 상처에 기름과 포도주를 바르고 싸맸다. 그러고는 그 사람을 자기 짐승에 태워서 여관에 데려가 잘 보살펴 주었다"(34절). "이튿날 사마리아 사람은 여관 주인에게 2데나리온을 주며 '저 사람을 잘 돌봐 주시오. 돈이 더 들면 내가 돌아와서 갚겠소'라고 말했다"(35절). "너는 이 세 사람 중 누가 강도 만난 사람의 이웃이라고 생각하느냐?"(36절) 율법학자가 대답했습니다. "자비를 베푼 사람입니다." 예수께서 그에게 말씀하셨습니다. "너도 가서 이와 같이 하여라"(37절).

만약 어떤 그리스도인에게 있어서 시험에서의 합격(결과의 취득)이 이웃 사랑(과정에서의 충성)보다 우선되는 목표라면, 그는 친구를 위로해 주기 위해 시간을 할애하는 것에 대해 큰 부담을 느낄 것이고, 어쩌면 친구의 대화 요청을 뿌리칠 수도 있다. 이러한 선택은 결과 지향적인 삶에 가까울 것이다. 그런데 그것이 아니라 친구를 위로하는 데 기꺼이 시간을 내어 준다면, 결국 시험에서의 합격보다 이웃 사랑이 더 우선되는 목표가 된다는 의미이므로, 이러한 선택은 과정 지향적인 삶에 가까울 것이다.

04

한국 그리스도인들의 결과 지향적인 모습

하나님께서 과정 지향적인 면모를 지니고 있는 이상, 그리스도인들 역시 과정 지향적인 삶을 살아야 되는 것은 분명한데, 현재 한국 그리스도인들은 오히려 결과 지향적인 모습을 많이 보여 주고 있다. 한국 그리스도인들이 보이고 있는 결과 지향적인 모습으로 첫째는, 목적 달성을 위한 기도를 하는 경향이 있는 것, 둘째는, 교회에서 사회적으로 높은 지위를 얻으라고 가르치는 것, 셋째는, 삶의 과정에서 공정한 절차를 준수하지 않는 것 등을 들 수 있다.

1) 결과 지향적인 신앙

(1) 목적 달성을 위한 기도

한국 그리스도인들이 특정한 목표 달성을 위한 기도를 하는 경향이 있는 것은 이미 사회적으로 많이 다루어진 문제이다.[51] 만약 이러한 목적 달성을 위한 기도에 있어서 시험, 취직 등 어떠한 결과를 성취하고자 하는 것이 주된 내용이 되고 그 과정에서 순종과 충성이 있게 해달라고 하는 것이 주된 내용이 되지 않는 경우, 이는 결과 지향적인 신앙의 대표적인 예라고 볼 수 있다.

예를 들어, 기도의 중심 내용이 "수능에서 높은 점수를 받게 해주세요", "대기업에 취직하게 해주세요", "공무원 시험에 합격하게 해주세요" 등이라면 그것은 결과 지향적인 측면이 강하다고 생각된다. 만약 기도의 중심 내용이 "시험 기간 동안 최선을 다하게 해주세요", "입사를 위한 시험을 최선을 다해서 치르게 해주세요" 등이라면 그것은 과정 지향적인 측면이 강한 것이다.

목적 달성을 위한 기도와 관련하여 한국 교회에서는 대입 수능시험을 앞두고 학부모들을 대상으로 수능기도회를 여는 경우가 많은데, 장로회신학대학교 박상진 교수는 다음과 같이 합격과 성공만을 목적으로 하는 수능기도회의 위험성을 지적한다.

> 기독교는 입시생을 위한 기도에 있어서 매우 적극적인데 새벽기도회, 철야기도회, 금식기도회 등 다양한 기도모임을 통해 입시성공을 위

해 기도한다. 최근에는 '수능기도회'라는 이름으로, 또는 수능 전 40일부터 '입시생을 위한 40일 특벽새벽기도회'의 형태로 입시를 위한 기도회가 이루어지기도 한다. 이러한 기도회는 입시로 인해 고통당하는 학생들의 아픔을 함께 느끼며 입시문제를 해결하는 데 초점이 있는 것이 아니라 자기 자녀의 입시경쟁에서의 성공과 합격만을 위하는 경우가 많다. 입시경쟁의 종교적 강화는 교회 내의 가치관과 일맥상통한다.[52]

목적 달성을 위한 기도가 결과 지향적인 신앙으로 흐를 수 있다는 점과 관련하여 우리가 현실에서 부딪힐 수 있는 문제를 좀 더 구체적인 예를 통해 살펴보자. 예컨대 어떤 시험의 최종 면접에서 자신을 포함한 2명만이 남았다면 그리스도인인 나는 어떻게 기도해야 하는가? 편의상 본인을 A, 다른 사람을 B라고 칭하자. 일반적인 관점에서 A가 "나를 합격시켜주세요"라고 기도하는 것은 적절한 기도로 받아들여질 것이다. 왜냐하면 하나님께서는 "구하라 그러면 받을 것이니 너희 기쁨이 충만해질 것이다"(요 16:24)라고 말씀하시기 때문이다.

그렇다면 "B를 떨어뜨려주세요"라고 기도하는 것은 어떤가? 그리스도인들은 "나를 합격시켜주세요"라는 기도는 무난하게 받아들이면서, "B를 떨어뜨려주세요"라는 기도는 어떤 점에서든 성경적 원리에 반하는 것 같은 직관적인 느낌을 가질 것이다. 그런데 두 명 중 한 명밖에 합격할 수 없는 상황에서 나를 합격시켜달라는 것은 결국 나머지 한 사람이 떨어지는 결과에 이른다는 점에서, A가 "나를 합격시켜주세요"라고 기도하는 것과 "B를 떨어뜨려주세요"라고 기도

하는 것은 결과적으로 동일한 결과의 달성을 목적으로 삼게 된다. 이러한 두 기도 사이에는 본질적인 차이점이 없다고 본다. 그렇다면 위의 두 가지 기도가 희망하는 결과에 본질적인 차이가 없는 상황에서, 우리가 "B를 떨어뜨려주세요"라고 기도하는 것에 대해 왠지 모를 거부감을 갖게 되는 것은, "나를 합격시켜주세요"라고 기도하는 것 자체에도 뭔가 문제가 있을 수 있다는 것을 암시하는 것이 아닐까?

혹자는 이러한 특수한 상황에서의 기도 내용을 일반화할 수는 없으며, 대입 수능과 같이 다수의 지원자가 있는 경우에는 상황이 다르므로 합격시켜달라는 기도가 정당화될 수 있다고 주장할 수 있다. 이와 관련하여 경북대학교 법학전문대학원의 김두식 교수는 시험에 있어서 좋은 결과를 목표로 기도하는 것의 문제점에 대해 다음과 같이 지적한다.

> 큰 시험을 앞두고 있을 때마다 목사님은 제 머리에 손을 얹고 이렇게 기도해 주시곤 했습니다. "두식 형제가 이번에 큰 시험을 치르게 되었습니다. 시험에서 좋은 결과를 얻어 하나님께 영광 돌리고 사람들에게는 은혜가 되게 도와주십시오." 어릴 때부터 좀 삐딱했던 저는 대학 입시를 앞두고 이런 기도를 받으면서 '합격해야만 하나님께 영광이고, 불합격은 하나님께 망신인가' 하는 생각을 했습니다.[53]

사실 내가 말하고자 하는 것은 합격을 목적으로 하는 기도가 무조건 성경에 반한다는 것이 아니다. 그것보다는 합격을 목적으로 기도하는 각자의 내면에, 개인의 영광이 하나님의 영광보다 우선되는 상황이 문제된다는 것이다. 따라서 이러한 기도 방식은 매우 조심할 필요가 있다고 생각된다. 왜냐하면 앞서 언급했듯이 하나님께서 우리에게 요구하시는 것은 삶의 과정에서의 충성이지 어떠한 결과의 성취가 아니기 때문이고, 또한 그러한 결과 지향적인 기도가 나의 내면의 은밀한 욕심을 합리화하는 수단이 될 수도 있기 때문이다.

개신교와 관련된 것은 아니나 타 종교의 기도 내용을 참고해 보자. 대한불교조계종의 법륜 스님은 한 월간지와의 인터뷰에서 수능을 앞둔 부모에게 다음과 같은 기도를 제안하였다.

> 수능을 볼 때도 '옆집 아이 시험 잘 보게 도와주세요. 그러다 남는 게 있거든 저희도 좀 도와주세요' 이렇게 기도하면 성취될 확률이 높아집니다.[54]

위와 같은 기도는 여전히 '성취될 확률'이라는 결과 지향적인 관점을 보이고 있다는 점에서 내가 말하는 과정 지향적인 신앙에 전적으로 부합하는 것은 아니지만, 어찌 됐든 먼저는 남의 '잘됨'을 기원한다는 점에서 나의 합격을 기원하는 기도보다는 결과 지향적인 정도가 약한 것은 사실이다. 그렇다면 그리스도인의 합격 기원 기도와 불교 스님의 위와 같은 기도를 놓고 종교가 없는 사람들에게 질문을 해보자. 어떤 기도가 더 '종교적'이라고 생각하는지.

무엇인가를 구하는 기도의 타당성에 대해서는 논란이 있지만, 꼭 필요한 것을 구하는 것은 하나님께서도 나쁘게 바라보시지는 않으실 것이다. 다만, 그리스도인들은 "구하라 그러면 받을 것이니 너희 기쁨이 충만해질 것이다"(요 16:24)라는 약속에 근거하여 결과 지향적인 기도가 성경적으로 타당하다고 주장하기에 앞서, 예수님께서 "만일 너희가 내 안에 있고 내 말이 너희 안에 있으면 너희가 원하는 것이 무엇이든지 구하라. 그러면 그대로 이루어질 것이다"(요 15:7)라고 하시어 그리스도인이 예수님 안에 거하고 예수님의 말씀이 그리스도인 안에 거하는 것이 우선되어야 함을 명확히 하셨음을 인식할 필요가 있는 것이다.

그렇다면 그리스도인이 예수님 안에 거하고 예수님의 말씀이 그리스도인 안에 거하는 것이 나의 높아짐을 최우선 목표로 하는 기도로 이어질 수 있는가? 나는 그렇게 생각하지 않는다.

(2) 사회적으로 높은 지위를 얻으라는 교회의 가르침

한국 교회는 번영신학에 기반하여 사회적으로 높은 지위를 얻으라고 가르치는 경우가 많다.[55] 나 역시 그런 경험이 있는데, 예전에 지방 근무를 하면서 약 1년 8개월간 다녔던 교회에서 매주 주일 오전예배 때 담임목사가 만든 공동기도문을 성도들이 함께 읽는 시간을 가졌던 적이 있다. 한번 공동기도문이 만들어지면 그것이 바뀌기 전까지 수개월 동안 같은 기도문을 매주 읽게 되는데, 내가 기억하는 공동기도문 중에 하나에는 "청년들이 사회적으로 영향력이 있는 사람이 되게 하소서"라는 내용이 들어 있었다. 어찌 보면 이런 기도문은 참으로 듣기 좋은 내용이 아닐 수 없다. 자신의 자녀가 사회적으로 영향력이 있는 사람이 되게 해달라고 하니, 일반적으로 이런 기도문을 거부할 사람은 없을 것이다.

그러나 문제는 이러한 기도제목이 결과 지향적인 신앙을 교묘하게 숨기는 경우이다. 왜냐하면 사회적으로 영향력을 끼친다는 것은 일반적으로는 국가나 기업 등 어떤 조직의 높은 자리에 올라가거나 의사, 판·검사와 같이 사회적으로 존경받는 직업을 갖는 것을 의미하는 것으로 이해될 가능성이 높기 때문이다.

한 가지 예를 들어보자. 어떤 목사가 그 교회에 다니는 법학전문대학원생에게 "나는 네가 대법원장이 되고, 검찰총장이 되기를 기도한다. 그렇게 됨으로써 많은 사람들에게 하나님의 은혜를 보여줬으면 좋겠다"라고 한다면, 이는 참으로 듣기 좋은 소리가 아닐 수 없다. 그런데 하나님의 은혜를 보여 주는 데 있어서 왜 높은 자리에 올라가는 것이 수반되어야 하는지, 나는 솔직히 잘 모르겠다. 낮은 자를 들어 쓰시는 하나님이시기 때문이다. 오히려 "나는 네가 공정한 법 적용과 법적인 판단을 하는 법률가가 되기를 기도한다. 사회적 약자에게 억울한 판결이 내려지지 않도록 그들을 변호하는 실력 있는 법률가가 되기를 소망한다"라고 기도할 수는 없을까?

이와 관련하여 2008년에 방영되었던 CBS TV 토론 프로그램 '2008 수능: 성적과 학벌, 우상인가? 도전인가?'에서 당시 사랑의 교회 부교역자였던 김광석 목사는 "교회가 하나님의 영광을 위해서 공부하라고 하면서도 그 영광을 한 꺼풀 벗기면 세상적인 출세와 성공의 욕망을 감추고 있다"라고 언급하기도 하였다.[56] **우리는 솔직해질 필요가 있는 것이다. 교회에서 겉으로는 사회적으로 영향력이 있**

는 사람이 되라고 가르치면서, 속으로는 세상에서의 성공을 바라는 결과 지향적인 신앙을 감추고 있는 것은 아닌지 말이다.

김두식 교수는 그의 책 《교회 속의 세상, 세상 속의 교회》에서 성경에 나오는 유명한 인물들이 결코 스스로 높아지기를 꿈꾼 적이 없음을 언급하고 있다.

> 성경에 나오는 인물 중에는 누구 한 사람, 자기 노력으로 열심히 일해 더 높은 자리에 올라간 사람이 없습니다. 성경은 원래 그런 사람, 그런 이야기에 관심이 없기 때문입니다. 요셉이 국무총리가 되고, 모세가 민족을 이끌게 되고, 다윗이 왕이 되고, 다니엘이 예언하게 된 것은 자기가 소망해서, 비전을 가져서, 열심히 공부해서 그리 된 것이 아닙니다. 심지어 그들 중 누구 하나 그런 높은 자리에 올라가게 해달라고 기도한 사람조차 없습니다. 누가 국무총리를 할지, 누가 민족의 지도자가 될지를 선택한 것은 언제나 하나님이었습니다. 이걸 오해해서는 안 됩니다.[57]

김영봉 목사 역시 그리스도인들이 중요한 자리에 이르는 것에 우선순위를 두어서는 안 됨을 강조하였다.

> 그리스도인들이 중요한 자리에 들어가 하나님의 뜻을 이루는 것은 좋은 일이다. 하지만 그 자리에 이르기 위해 분투하는 것이 아니라, 맡은 자리에 충성스럽게 일한 결과로써 하나님의 선물로 받아야 한다. 둘은 같은 것 같지만 실제로는 매우 다르다.[58]

그렇다. 어떤 그리스도인이 높아지는 것을 목표로 신앙생활을 하다가 결국 높아지는 것과, 하나님께 순종하는 것을 목표로 신앙생활을 하다가 하나님의 은혜로 높은 자리에 올라가는 것은 전혀 다르다. 전자는 세상에서의 성공을 목표로 하는 결과 지향적인 신앙에 근거한 것이고, 후자는 과정에서의 순종을 목표로 하는 과정 지향적인 신앙에 근거한 것이다.

(3) 공정한 절차를 준수하지 않는 모습

결과 지향적인 신앙은, 목적이 수단을 정당화한다는 논리가 가져올 수 있는 부작용처럼 그 과정에 있어서 공정한 절차를 훼손할 가능성이 높다. 왜냐하면 결과의 달성을 최우선의 가치로 할 경우, 그 과정에서의 공정성에 대해서는 상대적으로 적은 비중을 두게 될 것이기 때문이다. 사실 이러한 모습은 비단 교회에서만 발생하는 문제는 아닐 것이다. 부산대학교의 박재환 교수는 한국사회에 널리 만연되어 있는 결과 우선주의로 인해 공정한 절차가 훼손될 수 있음을 다음과 같이 지적하고 있다.

> 특정한 목표달성만 절대적인 가치로 부각될 경우, 목표달성의 방법과 절차의 정당성에 대한 고려는 자연히 등한하게 된다. 군사정권에 의해 주도된 급격한 경제개발의 사회적 효과는 바로 이러한 절차와 과정에 대한 무시였다. 어떤 의미에 있어서 그것은 적나라한 밀림의 생존원리와 흡사했다. 대기업에 취업한 신입사원은 첫 연수과정에서부

터 회사의 목표와 목표달성을 위한 바람직한 사원상을 교육받는다. 어느 교육 프로그램에서도 사회 전체의 공익을 앞세우고 절차의 합법성을 부각시키는 경우는 거의 없다. 모든 부서의 책임자는 일정한 성과를 달성하지 못할 때 도태되기 마련이다.[59]

앞서 언급했듯이 과정 지향적인 신앙과 결과 지향적인 신앙은 우선순위의 문제이고 비중의 문제이다. 과정과 결과가 충돌하는 상황이 발생할 경우, 결과 지향적인 신앙에 근거해서는 과정을 희생시킬 수밖에 없다. 이러한 과정의 희생은 특히 교회 내의 절차 위반과 교회 밖의 법률 위반으로 나타날 수 있다. 우리는 뉴스를 통해서 그러한 예를 많이 보게 된다. 나는 이러한 공정한 절차의 훼손이 과정 지향적인 신앙에 있어서 특히 중요한 문제라고 생각하나 언급할 내용이 많은 관계로 맨 뒤에서 별도의 장으로 서술하도록 하겠다.

2) 결과 지향적인 신앙의 문제점

앞서 검토했듯이, 결과 지향적인 신앙은 목적 달성이 최우선인 기도를 하게 하고, 사회적으로 높은 지위를 얻는 것을 강조하게 되며, 교회 안과 밖에서 공정한 절차를 훼손하는 행위를 하게 만들 위험이 있다. 그렇다면 이러한 결과 지향적인 신앙은 현실적으로 어떤 문제를 발생시키는가?

결과 지향적인 신앙의 문제점을 논의하기에 앞서 한 가지 분명하게 밝힐 것이 있다. 나는 결코 결과적인 측면이 중요하지 않다고 말하는 것이 아니라는 점이다. 왜냐하면 로흐만 교수도 지적했듯이 "이것들은(경제, 생산, 경제 발전의 결과_저자 주) 사람들의 삶과 행동에 필수적으로 대단히 중요한 의미를 가지기 때문"이다.[60] 내가 말하고자 하는 것은, 결과적인 성취를 최우선시하는 가치관이 "이익과 성공을 하나님의 은혜의 증거로 높이 평가하고 종교적으로 미화할 때 문제가 발생"된다는 점이다.[61]

(1) 세속적인 성공이 신앙보다 우선순위에 있게 될 수 있음

결과 지향적인 삶을 살다 보면, 세속적인 성공이 그리스도인으로서의 신실한 삶보다 우선하게 될 가능성이 높다. 한 가지 사례로, 주일예배에 참석하는 것과 관련해서, 내가 소속됐던 법학전문대학원 기독인 모임에서는 변호사 시험 직전 일요일에 교회를 가야 할지에 대해 고민을 하는 상황이 벌어진 적이 있다. 제1회 변호사 시험은 2012년 1월 4일 화요일부터 7일 토요일까지 수요일을 제외한 4일 동안 치러졌고, 무엇보다 공부해야 할 양이 방대했기 때문에 시험 직전 일요일의 중요성에 대해서는 말할 필요가 없는 상황이었다. 그러한 상황에 닥치게 되면 누구나 고민을 하게 될 것이다.

'내가 시험을 앞두고 일요일 오전 시간 동안 교회에 가게 되면 남들보다 공부량이 부족해지는 것이 아닐까?'

이러한 상황에서 무엇을 더 중요시 여기고 어떻게 행동할지는 각각의 그리스도인에게 달린 문제이다. 하지만 우리가 살다 보면 그렇게 주일 예배를 포기해야 할 상황들이 많이 발생하게 됨을 알 수 있다. 이러한 상황에 부딪힐 때마다, 우선순위가 세속적인 성공에 맞춰지게 되면, 신앙 자체가 위협받는 상황이 발생할 수 있는 것이다. 이와 관련하여 기독교 윤리실천운동 소속의 정병오는 '입시문제가 청소년 선교에 미치는 영향'이라는 논문에서 아래와 같은 문제제기를 하고 있다.

> 입시문제와 관련해서 기독교인들의 의식과 신앙을 가장 잘 보여 주는 것이 중3이나 고3 자녀를 교회에 보내지 않는 현상이다. 이러한 현상은 한국 교회에 아주 보편화되어서 고3이 되어서 교회에 잘 나오는 아이가 오히려 이상한 아이이고, 교회에 보내는 부모가 특이하게 취급받을 정도가 되었다.…(중략)…심지어 "전도사님, 우리 애가 지금 고3인데 얘가 공부를 열심히 해서 대학에 들어가야 하나님께 영광이 되죠. 교회에 나오다가 떨어져 보세요. 하나님께 영광이 되겠습니까?"라는 말을 하기도 한다. 도대체 이 부모에게는 신앙이라는 것이 어떻게 이해되고 있으며, 자신의 삶에 신앙이 어느 정도의 비중을 차지하고 있는지를 극명하게 보여 주는 예라고 하겠다.[62]

여기서 한 가지 주의해야 하는 것은 과정 지향적인 삶을 살아야 한다는 것이 전문가로서의 실력을 기르지 말라는 뜻은 아니라는 점이다. 과정 지향적인 삶과 전문가로서의 실력을 기르는 삶은 동시에 달성될 수 있는 것이다. 이에 대해 김영봉 목사는 아래와 같이 실력을 갖추는 것의 중요성을 언급하고 있다.

그리스도인은 자신의 직장에 제사장으로 임명되었다. 목회자가 섬기는 제사장으로서 교회에 임명되었듯, 교사는 섬기는 제사장으로 학교에 임명되었고, 비서는 섬기는 제사장으로 그 자리에 임명되었다. 그러므로 그리스도인은 맡은 자리에서 잘 봉사하기 위해 그 자리가 요구하는 전문적 실력을 갖추어야 한다.[63]

결국 문제는 우선순위이다. 전문가적 실력을 갖추고 자신의 분야에서 최고가 되는 것이 자신의 인생에 있어서 최우선 순위가 되는 순간, 각자에게 부여된 전도의 사명, 교회에서의 헌신, 작은 일에서 충성된 종이 되는 것은 후순위로 밀릴 가능성이 높다.

그리스도인들이 자신의 분야에서 전문가로서 프로다운 실력을 갖추어야 하는 것과는 별개로, 그것에 앞서 늘 각자의 삶에서 하나님을 사랑하고 있는지(마 22:37), 그리고 이웃사랑을 실천하고 있는지(39절)에 가장 큰 초점이 맞추어져야 하는 것이다. 우리는 도널드 크레이빌 교수의 다음과 같은 지적에 귀 기울일 필요가 있다.

직업, 장소, 지위에 관계없이, 예수의 제자들은 이런 질문을 던져야 한다. 우리는 우리의 재능과 받은 훈련을 불평등과 자기만의 발전을 영속화시키는 데 사용하고 있는 것은 아닌가? 혹은 우리는 진정으로 다른 사람들을 섬기기 위해 사용하고 있는가?[64]

(2) 목적했던 결과의 성취 여부에 따라 신앙이 흔들릴 수 있음

결과 지향적인 신앙의 또 다른 문제점은 목적했던 결과의 성취 여부에 따라 신앙이 크게 흔들릴 수 있다는 점이다. 왜냐하면 신앙 자체가 세상에서의 성공을 달성하기 위한 수단인 경우에, 그러한 그리스도인들은 목적을 달성한 후에 신앙을 필요로 하지 않게 되거나 혹은 다음 목표를 세운 때에는 신앙이 목표 달성에 도움이 되는 한도 내에서 '계산적으로' 헌신할 가능성이 있기 때문이다. 또한 목적이 달성되지 않은 상황에서는 신앙이 목적 달성을 보장하지 못함을 깨닫고 더 이상 신앙의 필요성을 느끼지 못할 가능성이 있기도 한데, 이는 신앙이 더 이상 자신에게 세속적인 유익을 주는 존재가 될 수 없기 때문이다.

그렇다면 한 가지 예를 들어보자. 결과 지향적인 신앙을 가진 어떤 사람이 공무원 시험에 합격하기 위해 "합격시켜 주소서. 합격만 되면 주의 일을 위해 헌신하겠습니다"라고 열심히 기도했고 시험공부를 하는 과정에서는 모든 헌신을 중단했다고 가정하자. 그에 따른 결과는 시험에 합격하거나 합격하지 못하거나 둘 중 하나가 될 것이다. 만약 시험에 합격했다고 가정하면, 과연 그는 합격한 후에 약속했던 헌신을 하게 될 것인가? 공무원으로서 과중한 업무에 시달리는 와중에도 약속했던 헌신을 할 수 있을 것인가? 물론 그렇게 하는 사람도 있겠지만, 나는 그렇게 하지 못하는 사람들이 더 많을 것이라고 본다. 왜냐하면 이미 시험공부 과정에서 시험의 합격이 신앙적 헌신보다 앞서도록 우선순위가 결정되었으므로 이러한 우선순위는 시험 합격 후에 크게 바뀌지 않을 것이기 때문이다.

나아가 시험에 합격해서 내 필요를 채웠고, 과중한 업무 때문에 피곤한 상황에서 굳이 하나님을 찾을 유인도 없을 것이다. 이러한 경우 공무원 시험 합격 후에 내가 지향하는 다음 목표(승진, 높은 근무성적 등)가 삶의 과정에서 충성하라는 성경적 원리에 우선하게 될 가능성이 높다.

그렇다면 만약 시험에 불합격했다면 어떻게 될까? 나는 목적했던 바를 이루지 못하는 상황이 더 심각한 문제를 발생시킨다고 생각한다. 왜냐하면 열심히 신앙생활하면 하나님이 금전적인 복도 주시고 세상 권력도 허락해 주실 줄 알았는데, 그렇게 해주시지 않으니 과연 하나님이 살아 계신 것이 맞는가 하는 회의감이 들 수 있을 것이기 때문이다.

이러한 회의감은 앞서 언급했듯이, 만약 욥이 결과 지향적인 신앙을 가졌더라면 수많은 시련 앞에서 품었을지도 모르는 의문과 유사하기도 하다. 이런 마음 상태는 신앙의 뿌리를 흔든다는 점에서 앞서 합격했던 상황보다 더 심각한 것이다. 그런데 우리는 살아가면서 세속적인 관점에서 계속해서 '잘 나갈' 수도 있겠지만, 그렇지 못한 상황에도 많이 직면하게 된다. 결과 지향적인 신앙을 소유한 사람은, 계속된 신앙적 열심에도 불구하고 세속적인 성공을 누리지 못할 때 신앙 자체에 회의를 품거나 혹은 자신의 성공을 위해 신앙을 이용하려는 욕망을 품게 될 수도 있을 것이다. 존 비비어 역시 이러한 위험성에 대해 다음과 같이 경고한다.

사울(이스라엘 왕국의 1대 왕_저자 주)처럼 뜨거운 열정으로 시작했다가 상황이 불편하고 힘들어지거나 결과가 생각만큼 빨리 나타나지 않으면 불순종하는 사람들이 얼마나 많은지 모른다. 권위의 지시를 살짝 벗어나 자기 잇속을 챙길 기회를 노리는 사람들도 있다. 그런 사람들은 시종 종교적 취지나 논리로 그런 행동을 정당화한다…(중략)…순종이 완전하지 않으면 믿음이 자라기는커녕 오히려 줄어든다.[65]

내가 아는 어떤 그리스도인은 수십 년간의 신앙생활에도 불구하고, 권사인 어머니의 열성적인 교회 헌신과 기도에도 불구하고, 생활이 나아지지 않는 것을 보며 신앙에 회의가 느껴진다고 나에게 털어놓은 적이 있다. 그럼에도 불구하고 그는 여전히 십일조를 내고 있고, 십일조를 중단하고 싶은 마음이 크지만 중단할 수가 없다고 했다. 그는, 십일조는 마치 보험과 같아서, 지금까지 낸 돈이 있는데 이제 와서 중단하면 그 보험의 효력이 중단되는 것같이 느껴지기 때문이라고 나에게 설명해 주었다. 심각한 내적 갈등을 겪고 있는 그에게, 혹시 하나님이 실제로 계시는 상황(보험사고)에 대비하여 십일조는 중단할 수 없는 보험료로 인식되고 있는 것이다.

한국의 경제성장률 둔화와 결과 지향적 신앙

사실 1950년대부터 1990년대 말 외환위기가 오기 전까지 한국 경제는 큰 폭으로 성장했다. 경제성장률의 지표로 사용되는 실질 국내총생산(GDP)을 기준으로 할 때, 1960년대 실질 GDP의 연평균 성

장률은 8.7%에 달했고, 1970년대에는 8.7%, 1990년대에는 7.0%에 달했다.66)

1인당 국민총소득(GNI)의 경우에도 마찬가지이다. 1인당 국민총소득은 1960년에는 80달러, 1970년에는 257달러, 1980년에는 1,686달러, 1990년에는 6,505달러, 2000년에는 11,865달러로, 매 10년마다 적게는 80% 가량에서 많게는 600%에 이르기까지 급격하게 상승하였다.67)

환율 변동 등 다른 요인도 영향을 미쳤겠지만, 이러한 통계들을 단순화하면 1950년대부터 1990년대에 이르기까지 개별 국민들의 평균적인 경제적 형편도 큰 폭으로 나아졌다고 추정할 수 있다.

따라서 비록 결과 지향적인 신앙이 성경적으로 타당하지 않다고 하더라도, 어떤 그리스도인이 하나님께서 결과적인 보상을 반드시 부여해 주시는 분이라고 믿고 열심히 신앙생활에 임하게 되면, 결국에는 그러한 물질적인 보상의 믿음이 실현될 가능성이 높은 시대였던 것이다.

그러나 현대 한국은 어떠한가? 2000년대의 연평균 실질 GDP 성장률은 4.6%에 불과하고, 2010년부터 2013년까지는 3.9%에 불과하다.68) 심지어 2016년도의 실질 GDP 성장률은 2.8%까지 떨어졌다.69) 1인당 국민총소득의 경우에도 2005년부터 2010년까지 연평균 1인당 국민총소득 증가율이 4.1%에 그쳤고, 2011년부터 2016년까지의 연평균 증가율은 이보다 더 낮은 2.9%에 불과했다.70) 이마저도 물가상승률을 고려하면 국민들의 경제 사정은 거의 제자리에 머물고 있다고 해도 과언이 아닐 것이다.

이러한 현대 한국의 경제사정으로 인해 그리스도인들이 품고 있는 물질적 측면의 목표가 제대로 달성되지 않을 가능성이 높게 되었고, 이러한 목표의 달성 실패는 앞서 언급한 대로 하나님이 살아계신 것이 맞나 하는 근본적인 회의감을 양산할 수 있는 요소가 될 수 있다. 따라서 결과 지향적인 신앙의 근본적인 문제점에 최근의 경제성장률 감소의 문제가 더해짐으로써, 개개인의 그리스도인에게 더 큰 신앙적 위기가 올 수 있는 것이다.

개신교 인구는 정말로 증가하고 있는가?

물론 이에 대해서는 최근의 한국 개신교 인구가 오히려 증가하고 있음을 이유로 결과 지향적인 신앙의 역효과는 존재하지 않거나 혹은 더 근본적으로는 대부분의 한국 그리스도인들이 결과 지향적인 신앙을 갖고 있는 것이 아니라는 반박도 있을 수 있다. 실제로 2005년 조사 이후 10년 만에 이루어진 종교 인구 조사에서 개신교는 2005년의 844만 명보다 약 123만 명이 증가한 967만 명을 기록했는데, 이는 2005년에 비해 112만 명이 줄어들어 389만 명을 기록한 천주교나 297만 명이 줄어들어 761만 명을 기록한 불교의 감소 추세와는 정반대로 나타난 것이었다.

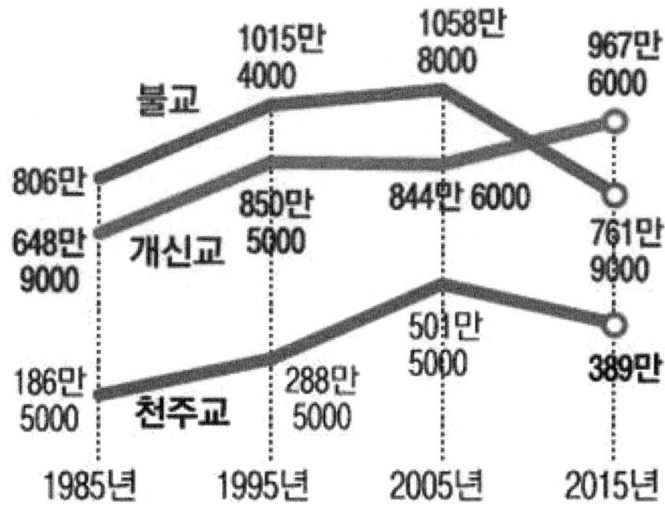

[종교 유형별 인구 변화][71]

하지만 1995년에서 2005년 사이의 감소 추세와 달리 오히려 증가 추세로 확인된 이번의 개신교 인구 통계 조사에 대해서는 많은 비판이 제기되고 있다. 예를 들어, 이번 2015년 종교 인구 조사는 2005년과 달리 전수조사가 아닌 표본조사였고, 표본의 절반이 인터넷을 통한 온라인 조사였는데, 온라인 방식의 조사에 있어서 응답자가 고학력자일 가능성이 높은 상황에서 타 종교에 비해 상대적으로 고학력자 비율이 높은 개신교에 유리했을 것이라는 지적이 있고, 더불어 이단 교회 인구와 교회에 나가지 않는 교인들의 증가세가 통계에 반영되었다는 지적도 있다.[72]

결과 지향적인 신앙에 더욱 취약할 수 있는 청소년 및 청년

설령 이번 종교 인구 조사의 통계에 따라 개신교 인구가 증가된 것이 사실이라고 가정하더라도, 한국 교회의 등록 교인 중 청소년과 청년의 비율이 급격히 감소하고 있는 것을 볼 때, 위와 같은 2015년 통계 자료에 기대어 안심하고 있을 수는 없는 상황이다.

아래의 표는 통계청의 웹사이트에서 확인할 수 있는 자료를 재구성한 것인데, 15세부터 39세에 이르는 연령대가 전체 개신교 인구에서 차지하는 비율이 지속적으로 감소하고 있음을 알 수 있다.

[개신교 인구 중 청소년·청년 비율의 추이]

	1995년	2005년	2015년
전체 개신교 인구	8,760,336	8,616,438	9,675,761
15-19세 개신교 인구	841,780	598,141	641,974
전체 개신교 인구 대비 비율	9.6%	6.9%	6.6%
20-24세 개신교 인구	915,230	684,430	533,428
전체 개신교 인구 대비 비율	10.4%	7.9%	5.5%
25-29세 개신교 인구	749,886	626,381	518,165
전체 개신교 인구 대비 비율	8.5%	7.2%	5.3%
30-34세 개신교 인구	816,395	714,953	642,277
전체 개신교 인구 대비 비율	9.3%	8.2%	6.6%
35-39세 개신교 인구	854,477	736,099	719,839
전체 개신교 인구 대비 비율	9.7%	8.5%	7.4%

※ 위 자료는 국가통계포털의 웹사이트(http://kostat.go.kr/portal/korea/index.action)에 업로드 되어 있는 자료를 재구성한 것이다.

물론 위와 같이 개신교 인구 중 청소년 및 청년의 비율이 감소되는 것은, 우리나라의 출산율 저하에 따른 청소년 및 청년 인구의 감소라는 구조적인 문제에 의해 많은 영향을 받았을 것이다. 그러나 이러한 구조적인 문제를 감안하더라도 현재 청년 인구 중 개신교인의 비율이 전반적으로 하향세를 보이고 있다는 점은 변함이 없다.

아래 표에서 볼 수 있듯이, 대한민국의 20-24세 전체 인구 중 개신교를 믿고 있다고 대답한 비율은 1995년의 21.2%에서 2005년의 18.6%, 2015년의 15.7%로 급격하게 낮아지고 있음을 알 수 있고, 25-29세 및 30-34세의 경우에도 1995년부터 2015년까지를 놓고 보면 전체적으로 완만한 하향세를 보이고 있다. 이러한 통계에 근거할 때, 대학생활, 취업 등 사회 초년생으로서 사회적인 활동이 왕성하고 인터넷 뉴스에 민감한 청년층이 어떠한 이유로든 과거에 비해 교회를 멀리하고 있음을 알 수 있다.

[연령별 개신교 인구 비율의 변화]

	1995년	2005년	2015년
전체 15-19세 인구 중 개신교 인구의 비율	21.7%	19.2%	20.2%
전체 20-24세 인구 중 개신교 인구의 비율	21.2%	18.6%	15.7%
전체 25-29세 인구 중 개신교 인구의 비율	18.1%	17.0%	17.1%
전체 30-34세 인구 중 개신교 인구의 비율	19.2%	17.4%	17.7%
전체 35-39세 인구 중 개신교 인구의 비율	20.6%	17.8%	19.0%

※ 위 자료는 국가통계포털의 웹사이트(http://kostat.go.kr/portal/korea/index.action)에 업로드 되어 있는 자료를 재구성한 것이다.

청소년 및 청년의 경우, 아직 신앙적 기반이 확실하게 정립되지 않은 경우가 많기도 하고, 또한 다른 연령대에 비해 대입 수능시험, 대학에서의 학점 취득, 취업 등 더 많은 경쟁에 노출되어 있다는 점에서 결과 지향적 신앙의 역효과에 좀 더 쉽게 영향을 받을 수 있다고 생각된다.

즉, 결과 지향적인 신앙에 기반하여 신앙생활을 하다 보면 대입 수능시험, 학점 취득, 취업 등을 신실한 삶보다 우선시할 가능성이 높을 것이다. 나아가 더욱 심각해지고 있는 취업 경쟁 등으로 인해 원하는 목표를 성취하지 못할 가능성이 구조적으로 높아진 상황에서, 교회를 열심히 다녀도 만족할 만한 학점을 취득하지 못하고, 또한 취업이 제대로 이루어지지 않으면 신앙 자체에 회의를 가질 가능성도 있는 것이다.

이는 앞서 한국 경제의 성장률 둔화와 1인당 국민총소득의 정체에 따라 결과 지향적인 신앙의 역효과가 증폭될 수 있는 것과 유사한 상황인 것이다. 따라서 한국 교회는 결과 지향적인 신앙이 오히려 청년으로 하여금 장기적으로는 교회를 떠나게 만들 수 있는 요소가 될 수 있다는 점에 대해 경각심을 가져야 할 것이다.

(3) 권력 지향적인 신앙으로 이어질 수 있음

결과 지향적인 신앙과 권력 지향적인 신앙의 관계

결과 지향적인 신앙은 권력 지향적인 신앙으로 이어질 수 있다.

왜냐하면 결과 지향적인 신앙에 있어서 '권력'의 소유는 하나님이 신실함의 대가로 반드시 허락해 주신 것이고, 따라서 바로 그러한 사람들이 진정한 그리스도인의 모범이 되기 때문이다. 여기서 말하는 '권력'에는 높은 지위에 올라가는 것, 부의 축적, 정치권력의 보유 등 어떠한 형태로든 세상에서 힘을 발휘할 수 있는 것이 포함된다.

그렇다면 교회는 필연적으로 그러한 힘있는 자들과 가까이해야 하는 것이고, 그러한 사람들을 역할모델로 삼아야 되는 것이다. 이는 결국 세상에서 권력을 가진 자가 진정한 하나님의 자녀가 되는 것을 뜻하고, 그렇지 못한 사람들은 여전히 신실하지 못하고 더 정진해야 될 부류로 평가될 가능성이 있다는 뜻이다. 도널드 크레이빌 교수는 세상에서 적용되는 권력지향주의를 다음과 같이 묘사한다.

> 권력은 눈덩이처럼 불어난다. 권력 있는 사람이나 조직은 다른 사람들을 희생시켜서라도 점점 더 많은 권력을 추구한다. 권력의 행사는 영속화되고 권력의 불평등을 증가시킨다. 약한 자들이 점점 약해지면서 권세 있는 자들은 점점 더 강해진다.[73]

이러한 권력 지향적 특성을 신앙에 덧입히는 것은 매우 위험하다. 김영봉 목사는 세상의 힘에 의존하는 신앙의 위험성을 다음과 같이 지적하였다.

> 예수님이 광야에서 받으신 유혹의 본질이 무엇인가? 바로 힘의 유혹이다. 하나님의 방법은 무력함을 택하는 것이다. 약함 중에 역사하는

하나님의 능력을 믿는 것이다. 반면, 사탄의 방법은 힘에 의존하는 것이다. 예수님은 그것을 거부하셨다. 바울도 이 비밀을 알았다. 그는 힘이 있어도 사용하지 않고 하나님의 능력만을 의지했다. "내가 약한 그때에 강함이라"(고후 12:10)는 믿음 때문이다.[74]

혹자는 교회에서는 그렇다 해도 일반 사회에서는 결과 지향적인 삶을 사는 것이 타당하다고 반박할 수 있다. 특히 기업을 경영하는 그리스도인들은 당연히 매출과 이익의 확대를 최선의 목표로 삼아야 하고, 이를 위해서는 세상의 권력을 적극적으로 활용할 필요가 있다고 주장할 수 있다. 그러나 하나님의 진리가 교회 안과 교회 밖에서 달리 적용될 수는 없는 것이다.[75]

교회에서의 삶과 일반 사회에서의 삶을 이분법적으로 바라보아 후자에서는 다른 기준이 적용되어야 한다는 주장은 성경적으로 타당하지 않다. 물론 나 역시 세상을 살아가면서 세상의 권력을 사용할 필요가 있음을 전적으로 부인하는 것이 아니다. 예수님이 말씀하신 대로 우리는 "뱀처럼 지혜롭고 비둘기처럼 순결"(마 10:16)해야 하므로, 때에 따라 뱀과 같이 지혜롭게 세상의 권력을 사용할 필요가 있는 것이다.

하지만 중요한 점은 세상의 권력을 사용한다고 하더라도, 그것은 과정 지향적인 신앙의 범위 내에서 사용되어야 한다는 점이다. 다시 말하면, 권력의 사용은 하나님께 순종하는 것보다 우선이 되어서는 안 되며, 특히 그 과정에서 위법행위 등 공정한 절차를 훼손해서는 안 되는 것이다.

권력 지향적인 신앙과 타인에 대한 우월감

결과 지향적인 신앙은 권력 지향적인 신앙으로 이어질 수 있고, 이는 다시 타인에 대한 우월감을 정당화하는 근거가 될 수 있다. 왜냐하면 부, 명예 등 권력을 가진 그리스도인이 모범적인 그리스도인이 되므로, 그러한 것을 가지지 못한 자들은 신실하지 못한 것이 되고, 결국 그들은 부족한 그리스도인이라고 인식될 수 있기 때문이다.

따라서 어떤 사람이 결과 지향적인 신앙을 갖고 있으면서, 세상에서도 부 또는 명예를 가지고 있다면, 그는 세상에서 낮은 지위를 가진 그리스도인을 보고 신앙생활을 제대로 하지 않은 결과라고 여길 가능성이 있다. 이러한 생각이 이어지다 보면, 그는 자신의 신실함에 비추어 신실하지 못한 낮은 자들에 대해 우월감을 가질 수 있게 될 것이고, 신실하지 못한 자들이 궁핍하게 사는 것이 정당한 것으로 결론내릴 수 있다.

사실 이러한 우월감은 신앙 이전에 현대 사회의 개인주의에 의해 이미 조장되고 있는 측면이 있다. 도널드 크레이빌 교수는 개인주의의 문제점을 다음과 같이 지적하였다.

> 개인주의는 '개인적인' 성취에 대한 근거 없는 자만심을 부추기고, 그들로서는 통제 불가능한 요인들에 의하여 그리되었음에도 불구하고 사회적으로 낮은 계층에 속한 사람들을 경멸하는 태도를 부추기고 있다. 단지 열심히 일했기 때문에 그들이 성공했다고 생각하는 것은 매우 교만한 일이다. 오만한 개인주의는 어떤 성취를 이루는 데 기여

한 주어진 기회나 제약은 고려하지 않은 채, 개인의 공로만을 인정한다.[76]

개인주의에 결과 지향적인 신앙이 더해질 때, 더 강하고 더 깊은 우월감이 생겨날 수 있을 것이다. 하지만 앞서 열 므나의 비유에서 언급하였듯이, 하나님께서 어떤 사람에게 주신 재능이 은화 다섯 므나를 관리하는 것이라면, 그 사람이 은화 열 므나가 아니라 다섯 므나를 관리하는 것은 어찌 보면 당연한 결과이기도 하고, 그 또한 하나님의 섭리 안에 있는 것이 된다.

그럼에도 불구하고 은화 열 므나를 관리하는 사람이 은화 다섯 므나를 관리하는 사람을 보고 신실하지 못하다고 하는 것은 하나님의 뜻을 잘못 이해하고 있는 것이라 할 수 있다. 물론 하나님은 신실한 삶을 사는 그리스도인들에게 현실에서의 복도 어느 정도 부여해 주실 가능성이 높을 것이다.

하지만 여기서 내가 말하고자 하는 것은 현실에서의 궁핍한 삶은 곧 신실하지 못한 신앙 때문이라고 하는 인과관계가 일반적이고 원칙적인 것으로 받아들여져서는 결코 안 된다는 것이다. 왜냐하면 앞서 언급했듯이 신실한 삶을 살면서도 새드 엔딩을 맞이한 그리스도인들이 기독교 역사에서 매우 많기 때문이다. 따라서 **나는 '신실한 삶을 살면 하나님께서 현세의 복을 주실 가능성이 높지만 그렇지 않을 수도 있다'라고 말할 수는 있어도, '신실한 삶을 살면 하나님께서 현세의 복을 반드시 주신다'고 확신할 수는 없다고 생각한다.**

에덴동산에서의 뱀의 유혹과 우월감

　이러한 문제가 심각한 이유는, 타인에 대한 우월감이 하나님이 제일 경계하는 것 중의 하나이기 때문이다. 에덴동산에서 뱀이 하와를 유혹할 때 주로 언급했던 것이 바로 "하나님처럼 되는 것" 즉, 우월해지는 것이었음을 잊어서는 안 된다.

> "이는 너희가 그것을 먹는 날에는 너희 눈이 열려서 너희가 선과 악을 아시는 하나님처럼 될 것을 하나님께서 아시기 때문이다"(창 3:5).

　뱀은 선악과를 먹음으로써 하나님처럼 될 수 있다는 논리로 하와를 설득하였다. 그것은 달리 말하면 '너도 하나님처럼 우월해 질 수 있다'는 것이고, '더 이상 하나님보다 못한 존재로 살 필요가 없다'는 것이기도 하다. **결과 지향적인 신앙은 남보다 우월해지는 것을 지향하는 뱀의 유혹에 넘어가는 것과 마찬가지이며, 전적으로 성경의 원리에 반하는 것이다.**

　타인에 대한 우월감과 그것의 표현은 성경적 원리에 반하기도 하지만, 현실에서도 무서운 범죄로 이어지는 경우가 많다. 우리는 뉴스를 통해 무시당했다는 이유로 많은 살인사건이 발생하는 것을 보게 된다.[77] 그만큼 타인에 대해 우월감을 갖고 또한 그것을 표시하는 것은 인간관계를 심각하게 훼손하는 결과를 가져올 수 있는 것이다. 따라서 그리스도인들은 결과 지향적인 신앙이 타인에 대한 우월감을 정당화할 수 있다는 점을 결코 가볍게 받아들여서는 안 될 것이다.

(4) 세상에서 범법자로 낙인찍힐 수 있음

앞서 결과 지향적인 신앙의 모습으로 공정한 절차를 훼손하는 문제를 언급했었다. 이에 대해서는 맨 뒤에서 따로 논의하겠지만, 일반 국민들이 뉴스를 통해 교회에서 벌어지는 위법한 일들을 접하다 보면, 결국 은연중에 교회를 위법을 저지르는 집단 혹은 이를 용인하는 집단으로 낙인찍을 위험이 있다.

나는 개신교와 목사가 한국 사회에서 신뢰받지 못하는 가장 큰 이유가 이러한 위법 행위에 있다고 본다. 교회의 모습에 실망한 일반 국민들은 그만큼 복음에 대해 더 강한 거부감을 가지게 될 것이고, 그리스도인들은 전에 비해 훨씬 더 많은 노력을 기울여야만 한 명의 생명을 구원할 수 있게 되는 것이다.

과정 지향적인 그리스도인의 행동 방법

그렇다면 과정 지향적인 그리스도인이 된다는 것은 구체적인 현실생활에서 어떻게 행동해야 한다는 것을 의미하는가?

1) 목적 달성을 위한 기도가 아닌 과정 지향적인 기도

그리스도인들은 목적 달성을 위한 기도가 아니라 과정 지향적인 기도를 할 필요가 있다. 우리는 어떤 시험의 합격을 위해서 기도할 때, 단순히 "합격시켜 주소서"라고 기도하는 것이 아니라 "합격시켜 주소서. 그래서 하나님께 크게 쓰임받게 하소서"라거나 "합격시켜 주소서. 그래서 하나님께 영광 돌리는 그리스도인이 되게 하소서"라고 기도함으로써 우리의 은밀한 욕심을 살짝 숨길 수 있음을 잘 알고 있다. 그러나 나의 욕심 위에 하나님의 영광을 교묘하게 덧입힌다고 하여도, 그러한 기도 속에 깊게 배어 있는 나의 욕심은 사라지지 않을 것이다.

그렇다면 중요한 시험을 앞둔 그리스도인들은 어떻게 기도해야 하는가? 나는 아래에서 언급하는 몇 가지 사례들이 과정 지향적인 기도의 예가 될 수 있다고 생각한다.

우선 김영봉 목사는 경쟁자에 대해 협력적 태도를 가지고 자신이 시험에 대해 합당한 자격을 가지고 있는지를 확인하고자 하는 자세를 가질 것을 권한다.

> 학생의 경우, 시험에 대한 경쟁적 태도를 협력적 태도로 바꾸라는 것이다. 즉, 남을 떨어뜨리고 내가 붙자는 의도가 아니라 자신의 실력을 확인하고 그에 합당한 자격을 얻고자 하라는 뜻이다. 이렇게 생각을 바꾸면 함께 응시하는 사람들을 경계하거나 적대시하지 않게 된다. 회사원의 경우, 승진을 아예 포기하라는 뜻이 아니라 경쟁에서 이기

는 것을 목표로 삼지 말라는 뜻이다. 자신의 업무에 최선을 다함으로써 인정받고 승진해야지, 다른 사람을 적으로 생각하고 그를 넘어뜨리고 올라서려 해서는 안 된다는 뜻이다.[78]

또한 김영봉 목사는 대학 진학을 앞둔 상황에서 아래와 같이 내 뜻이 아닌 하나님의 뜻으로 인도해 주시도록 기도하길 권한다.

> 제 아이가 지금 대학 진학을 앞두고 있습니다. 아이가 원하는 대학은 A대학인데, 글쎄요, 아버지의 생각은 어떠십니까? 아이에게 과연 그 학교가 도움이 될까요? 저는 B대학을 원하는데, 그건 어떨까요? 어느 대학이 아이의 앞길에 가장 도움이 될지, 저도 제 아이도 잘 알지 못합니다. 하나님, 이 기간에 저희가 하는 모든 결정을 인도해 주십시오. 그래서 하나님이 원하시는 곳으로 가게 해주시고 또 다른 꿈을 위해 노력하게 해주십시오.[79]

문화평론가 김종휘는 "만약 원치 않는 결과가 나와도 거기에 숨은 하나님의 뜻을 알게 해달라고 기도해야 한다"라고 언급하였고, 김광석 목사는 "학부모의 욕심을 내려놓는 기도, 마음을 비우는 기도가 돼야 한다"고 강조하였는데,[80] 이는 그리스도인들이 시험을 앞두고 어떻게 기도해야 하는지에 대해 중요한 지표가 될 수 있을 것이다. 이와 연장선상에서 다음과 같이 한 신문에 소개된 천주교 교회의 기도 역시 시험을 앞둔 그리스도인들이 참고할 만하다.

노고와 땀이 없는 결과를 바라기보다는 애써 노력한 만큼 거두려는 마음을 갖게 하소서. 또한 양심에 따라 시험에 임하게 하시고 당황하거나 실수하지 않게 하소서. 나아가 그 결과를 기꺼이 받아들이며 마음이 다치거나 믿음이 흔들리는 일이 없게 하소서.[81]

《철인》의 저자인 다니엘김 선교사가 2014년 8월경에 있었던 한 수련회에서 기도한 내용 역시 시험을 앞둔 그리스도인들이 어떻게 기도해야 하는가에 대한 지침을 제공해 준다.

지금까지 승리라는 것은 남들보다 빨리 가는 것, 남들이 부러워하는 그 화려한 자리에 서는 것, 남들에게 인정받는 삶, 부족함이 없는 삶, 그것이 승리인 줄 알았습니다…(중략)…일어날 수 없는 현장에서 일어나는 것이 승리요. 참된 승리라는 것은 남들이 포기하고 주저앉을 때, 나는 예수의 이름으로 다시 한 번 도전하는 것이 승리입니다. 결과에 무관하게 하나님을 의지하고 달려가는 것이 승리입니다.[82]

결국 위와 같은 사례들을 종합하면, 나는 시험을 앞둔 그리스도인이 일반적으로 취해야 할 기도의 내용은, 무조건적인 합격이 아니라, 그 시험의 과정 가운데 주님과 동행하는 방법을 배울 수 있도록, 끝까지 최선을 다할 수 있는 지혜와 건강을 주시도록, 또한 결과가 나오거든 합격이든 불합격이든 하나님께서 주신 결과에 대해 감사할 수 있도록 하는 것이어야 한다고 생각한다.

2) 과정에서의 충성이 삶의 최우선 목표가 되는 것

앞서 언급했듯이 한국 교회는 사회적으로 높은 지위를 얻는 것을 강조하는 경향이 있다. 그러나 이러한 가르침은 신앙보다 세상적인 성공을 우선시하게 만들 수 있고, 권력 지향주의와 연결되어 타인에 대한 우월감을 정당화하는 근거가 될 수 있으며, 목적했던 결과의 성취 여부에 따라 신앙을 크게 흔들리게 만들 수 있는 위험성을 갖고 있다.

따라서 한국 교회는 이집트의 국무총리였던 요셉과 같이 큰 꿈을 꾸고 그것을 위해 정진하라고 가르치기보다, 형들에게 괴롭힘을 당하고 이집트에 노예로 팔려간 이후에도 하나님께 의지했던 요셉의 충성스러운 모습에 초점을 맞출 필요가 있다. 또한 이스라엘 왕국의 왕이었던 다윗처럼 한 나라의 지도자가 되기를 꿈꾸라고 가르치기보다, 사울 왕에게 쫓기는 와중에 죽고 싶을 만큼의 고통을 겪으면서도 하나님께 의지했던 다윗의 순종에 초점을 맞출 필요가 있을 것이다.

더불어 한국 교회는, 성경 속에는 요셉과 다윗처럼 높은 자리에 올라서 해피 엔딩을 맞이한 인물들도 있지만, 사도 바울, 베드로, 스데반처럼 삶의 과정에서 그 누구보다 하나님께 충성을 다했음에도 불구하고 순교라는 새드 엔딩을 맞이한 인물들도 있음을 강조할 필요가 있다. 물론 순교는 세속적인 성공을 목표로 하는 결과 지향적 관점에 근거할 때 새드 엔딩이 되는 것이고, 성경적 원리에 근거해서는 새드 엔딩에 해당되지 않을 것이다.

꼭 성경 속의 인물이 아니더라도 한국의 기독교 역사에 새드 엔딩을 맞이한 인물들도 많이 있다. 앞서 언급했듯이 여수 애양원에서 한센병 환자들을 섬겼던, 자신의 두 아들을 죽인 원수를 양자로 삼았던, 신사참배를 거부하여 약 5년간 투옥되었던 손양원 목사가 6·25 전쟁 와중에 순교를 당했다는 사실은 과연 신실한 그리스도인에게 세속적인 성공이 반드시 보장되는가라는 문제에 심각한 의문을 제기하게 만든다.

물론 순교라는 극단적인 결말이 우리나라의 현재 상황에서 흔히 볼 수 있는 예는 아닐 것이다. 그럼에도 불구하고 우리가 평생을 충성하더라도 혹시 하나님은 세상에서의 부귀영화를 주시지 않을 가능성도 있음을 우리는 명확히 인식해야 한다. **과정 자체에서의 순종이 우리의 목적이기 때문에 한국 교회는 그러한 슬픈 결말의 존재를 감추어서는 안 되고, 오히려 그리스도인들이 그러한 가능성을 제대로 인식할 수 있도록 해야 한다.**

또한, 그리스도인들은 교회, 가정, 직장 등에서 일정한 성과를 산출하는 것을 최우선 목표라고 가르치기보다는, 과정에서 최선을 다하는 것이 가장 중요하다고 가르쳐야 한다. 이는 과정에서 최선을 다하는 것은 그리스도인들에게 부여된 성경적 의무이기 때문이다. 일정한 결과의 산출은 하나님께 달린 것이다. 따라서 과정에서 최선을 다했으나 원하던 결과가 산출되지 않은 것은 질책의 대상이 될 수 없으나, 과정에서 할 수 있는 만큼의 최선을 다하지 않은 것은 질책의 대상이 될 수 있는 것이다.

3) 공정한 절차를 따르는 삶

앞서 언급했듯이 결과 지향적인 신앙은 목표한 결과의 성취가 가장 중요하게 되므로, 그 과정에서의 공정한 절차를 훼손할 가능성이 높다. 따라서 그리스도인들은 교회 안에서의 절차와 교회 밖에서의 절차를 모두 철저하게 준수하도록 노력할 필요가 있다. 그것은 교회 내의 여러 절차 규정을 준수하는 것을 의미하기도 하고, 또한 교회 밖의 여러 법률들을 준수하는 것을 의미하기도 한다. 이에 대해서는 뒤에서 별도의 장으로 논의하도록 하겠다.

4) 과정 지향적인 삶과 우선순위

앞서 언급했듯이 하나님은 과정 지향적인 면모를 지니고 있다. 하나님이 과정 지향적이라면, 그의 자녀인 그리스도인들 역시 과정 지향적인 삶을 사는 것이 필요할 것이다. 하지만 내가 다시 한 번 강조하고 싶은 것은, 그리스도인들이 과정 지향적인 삶을 살아야 한다는 것이 결코 결과의 획득을 경시한다는 의미는 아니라는 것이다.

내가 과정 지향적인 삶에서 얘기하고자 하는 것은 과정과 결과 중 어느 것에 더 큰 비중과 우선순위를 두느냐이다. 그러한 우선순위를 통해 우리는 현실의 삶에서 맞닥뜨리는 여러 문제들에 대해 과정 지향적인 방향으로 의사결정을 할 수 있게 될 것이다. 혹시 그러한 과정에서 "먹음직도 하고 보암직도 한 세상의 열매"를 맺지 못한다고 하더라도 그 과정에서 충성한 것 그 자체가 열매가 될 수 있을 것이다.

또한, 나는 인간으로서 돈을 더 많이 벌고 싶고, 좋은 옷을 입고 싶고, 더 좋은 집에서 살고 싶은 욕망 자체를 죄악시하는 것도 아니다. 내가 말하고자 하는 것은, 이러한 개인적인 욕망이 그리스도인에게 삶의 최우선 목표가 되거나, 삶의 과정에서의 순종보다 우선하는 가치를 가져서는 안 된다는 것이다.

마지막으로, 나는 개인의 과정 지향적인 가치관과 어떤 조직체의 규칙이 충돌할 때, 무조건 개인의 가치관이 앞서야 한다고 주장하는 것이 아니다. 예를 들어, 어떤 기업에 다니는 그리스도인은 그 기업의 최우선 목표가 매출과 이익의 확대인 상황에서 개인적인 기독교적 가치관을 근거로 회사 내에서 과정 지향적인 업무 방식을 강하게 주장하기는 어려울 것이다.

가정이나 교회에서와 같이 자신에게 일정한 결정 권한이 부여된 상태라면 충분히 과정 지향적인 삶을 살려고 노력할 수 있을 것이나, 어느 조직의 일원으로서 부여된 권한이 작은 경우에는 조직의 가치관을 개인의 가치관보다 앞세워야 할 상황이 분명히 있을 것이다. 이 경우에는 자신이 양보할 수 있는 범위와 그럴 수 없는 한계를 분명히 구분 지어야 할 것이다.

예를 들어, 어떤 그리스도인이 회사에서 하위 직원의 인사 평가를 하는 데 있어서, 회사가 정해 놓은 일정한 기준을 충족하는 범위 내에서 과정 지향적인 평가를 다소 가미하는 것이 가능할 것이다.

그렇다면 회사의 기준을 충족하는 정도까지는 우선 양보를 하는 것이 필요할 것이다.

그러나 이와는 달리 회사에서 요구되는 업무가 불법적인 것과 관련된 것이라면, 그리스도인은 이에 대해서 양보해서는 안 되는 것이다. 이렇듯 신앙적인 삶과 불법이 충돌하는 경우에 대해서는 뒤에서 별도로 자세히 언급하도록 하겠다.

/ 06

과정 지향적인 삶의 일환으로서 공정한 절차의 준수

1) 공정한 절차의 준수를 별도로 논의하는 이유

앞서 언급했듯이 나는 공정한 절차의 준수와 관련하여 교회 내의 절차 규정과 교회 밖의 법률을 준수하는 것의 중요성을 얘기하고자 한다. 이 주제를 이렇게 별도로 논의하는 이유는, 우선 한국 교회가 일반 국민들로부터 신뢰받지 못하는 가장 큰 이유 중 하나가 바로 공정한 법 절차를 준수하지 못하는 데 있다고 생각되기 때문이다.

시시때때로 언론을 통해 공개되는 한국 교회의 위법행위들은 그것을 보는 일반 국민들에게 실망감을 넘어서 냉소를 불러올 수 있다. 그것은 그리스도인들이 교회를 떠나게 되는 원인이 될 수도 있고, 비그리스도인들이 복음을 받아들이기 거부하는 원인이 될 수도 있다.

두 번째 이유는, 공정한 절차를 준수하는 것이 과정 지향적인 신앙의 중요한 부분이기 때문이다. 삶의 과정에서의 순종을 얘기할 때, 교회 또는 세상에 의해 정해진 절차 규정을 준수하는 것은 필수적으로 수반될 수밖에 없다. 아래에서 논의하듯이, 위법이 성경적 의미의 죄에 해당된다는 점을 고려할 때, 공정한 절차의 준수는 반드시 지켜야 할 성경적 의무이기도 하다.

이러한 측면에서 나는 공정한 절차를 준수하는 것이 과정 지향적인 신앙과 관련하여 매우 중요하다고 생각하여 이렇게 별도의 장에서 구체적으로 논의를 진행하게 되었다.

2) 그리스도인에게 공정한 절차를 준수하는 것이 강조되어야 하는 이유

그리스도인들에게 공정한 절차를 준수하는 것이 왜 강조되어야 하는가? 특히 교회 내의 절차 규정뿐만 아니라 교회 밖의 법률 준수까지 강조되어야 하는 이유는 무엇인가?

(1) 위법은 성경적 의미의 죄에 해당된다

라이프 성경사전은 죄를 다음과 같이 하나님의 뜻과 명령을 따르지 않는 것으로 정의한다.

> 성경에서는 하나님과 분리된 상태 그 자체를 죄로 규정하고 있으며, 동시에 하나님 없는 자의 부패한 본성과 그 영향력, 그리고 하나님의 뜻과 명령을 거역하는 모든 악한 행위를 죄로 규정하고 있다.[83]

한편 성경은 세상 법을 지킬 것을 요구하고 있는데, 세상 법을 지키지 않는 것은 세상 법을 지키라는 하나님의 뜻과 명령을 거역하는 것이므로, 결국 '세상 법의 위반은 성경적 의미의 죄다'라는 명제가 성립될 수 있다. 다시 말하면, 교회 법뿐만 아니라 세상 법을 지키지 않는 것 역시 성경적 의미의 죄에 해당되는 것이다.

이와 관련하여, 예수님은 로마제국에게 세금을 내는 것이 옳으냐는 바리새인들의 질문에 대하여 "가이사의 것은 가이사에게 바치고, 하나님의 것은 하나님께 바치라"(마 22:21; 막 12:17; 눅 20:25)고 대답하시어 그리스도인들이 세상 법을 지켜야 함을 간접적으로 말씀하셨다. 즉, 유대인들이 로마제국에 의해 지배를 당하고 있는 상황에서도, 예수님은 세금을 거둘 수 있는 가이사(로마 황제)의 권리를 인정하고, 세금 내는 것은 그리스도인의 의무라고 말씀하신 것이다.[84] 사도 바울 역시 로마서에서 다음과 같이 언급하며 세상 법을 준수할 것을 강조하고 있다.

> "각 사람은 위에 있는 권세들에 복종하십시오. 무슨 권세든 하나님께로부터 오지 않은 것이 없고, 이미 있는 권세는 다 하나님께

서 세우신 것입니다. 따라서 권세에 대항하는 사람은 하나님의 명을 거역하는 것이니 거역하는 사람들은 심판을 자초할 것입니다"(롬 13:1-2).

이 구절에 대해 더글라스 무 교수는 다음과 같이 설명한다.

> 권세들(헬라어로는 exousiai)은 세속 정부에서 권위를 쥐고 있는 개인들을 지칭하는 것이 분명하다…(중략)…바울은 모든 통치자는 아무리 간접적이고 무의식적이라 할지라도(4, 6절) 하나님에 의해서 '정해진 바'(tetagmenai)이므로 '하나님의 종'임을 상기시킨다.[85]

이러한 해석에 따르면, '권세들'에게 복종한다는 것은 곧 그 '권세들'이 제정한 법을 준수하는 것도 당연히 포함하는 것일 것이다.

또한 베드로 역시 "주를 위해 사람의 모든 제도에 순복하십시오. 권세를 가진 왕에게, 또한 악을 행하는 사람들을 징벌하고 선을 행하는 사람들을 칭찬하기 위해 왕이 보낸 총독들에게 순복하십시오"(벧전 2:13-14)라고 언급하여 세상 법을 지키는 것의 중요성을 강조하고 있다.

결국, 그리스도인들은 대한민국 국민이기 때문에 대한민국의 법을 지켜야 하기도 하지만, 보다 근본적으로는 성경에서 세상 법을 지키도록 요구하고 있기 때문에 위법한 행위로 나아가지 않도록 항상 조심하고 주의해야 하는 것이다.

물론 세상 법을 지킴으로써 성경의 원리를 거스르게 되는 상황도 발생할 수 있다. 예를 들어, 일제 강점기 때의 신사참배 문제, 북한처럼 복음 전파가 금지된 곳에서 복음을 전하는 문제 등 세상 법과 성경의 원리가 충돌하는 상황이 실제로 발생할 수도 있는 것이다.[86] 또한 세상 법과 성경의 원리가 충돌하지 않는다고 하더라도 시민불복종운동이나 저항권의 행사와 같이, 특수한 상황에서 의도적으로 준법을 거부하게 되는 상황을 어떻게 바라보아야 하는 문제도 있다. 이러한 예외적인 상황을 모두 다루기에는 나의 지식이 부족하기도 하고, 또한 그런 논의들이 이 책의 큰 흐름에서 벗어나기도 하므로 이에 대해서는 이 책에서 다루지 않도록 하겠다.

(2) 그리스도인은 법을 지킴으로써 세상과 구별될 수 있다

앞서 언급했듯이, 성경에서 세상 법을 지킬 것을 강조하는 것을 보면, 하나님께서는 그리스도인들로 하여금 세상 법을 지킴으로써 세상과 구별되기를 바라시는 것 같다는 생각이 든다. 즉, "여러분은 이 세대를 본받지 말고 오직 마음을 새롭게 함으로 변화를 받아 하나님의 선하시고 기뻐하시고 온전하신 뜻이 무엇인지 분별하도록 하십시오"(롬 12:2)라는 말씀 속에서 그리스도인들이 '이 세대'와 구별될 수 있는 것 중의 하나가 바로 '세상 법을 지키는 것'이 아닌가 하는 것이다.

위법의 유혹들

우리는 세상을 살아가면서 많은 위법의 유혹에 맞닥뜨리게 된다. 도로에서 운전하다가 과속을 하거나 불법유턴을 하고 싶은 유혹, 횡단보도에서 무단횡단을 하고 싶은 유혹, 지난주에 못 본 드라마나 예능 프로그램 또는 듣고 싶은 찬양을 불법적으로 다운로드 받고 싶은 유혹, 회사 법인카드를 개인용도로 사용하고 싶은 유혹 등 우리가 일상적으로 접하게 되는 유혹의 상황은 셀 수 없이 많다.

김영봉 목사는 자본주의 사회에서 그리스도인들이 처한 현실을 냉철하게 지적한다.

> 현실적으로 자본주의에서 공정 경쟁이 완전하게 이루어지는 곳은 없지만, 우리 사업 현실은 특히 더 그렇다. 그리스도인 사업가가 다른 사업가와 경쟁해서 이기려면 그들과 같은 수단을 사용하지 않으면 안 될 것처럼 보인다. 부당한 방법을 사용하는 것도 신앙 양심에 걸리고, 타락한 향락 문화에 몸담아야 한다는 것도 가책이 된다. 그렇다고 접대를 하지 않으면 경쟁에서 이길 수 없으니, 고민에 빠지지 않을 수 없다.[87]

많은 사람들이 종교인들에게 높은 도덕성을 요구한다. 그 도덕성의 정도는 정치인이나 연예인 등 사회적 공인에 비해 더 높으면 높지 낮지는 않을 것이다. 익히 알고 있다시피 "법은 도덕의 최소한"이라는 격언이 있다. 이 말은 독일의 법철학자인 게오르그 옐리네크가 언급한 것으로, 법은 도덕적으로 준수해야 할 사항 중에서 꼭 필요하고 중요한 사항을 정한 것임을 의미한다.

다시 말해서 법을 위반하는 것은 최소한의 도덕을 지키지 않는 것이 되고, 결과적으로 그 사람은 비도덕적인 사람이 되는 것을 의미한다. 그리고 최소한의 도덕을 지키지 않은 것인 만큼 그에 대한 사회적 비판도 클 수밖에 없는 것이다. 그렇다면 그리스도인이 세상 사람들과 구별되고, 또한 도덕적인 사람으로 신뢰를 받을 수 있는 길 중의 하나가 바로 법(최소한의 도덕)을 지키는 것이 될 수 있을 것이다.

법 없이도 살 수 있다?

여기서 한 가지 주의할 필요가 있다. 만약 어떤 그리스도인이 '나는 법 없이도 살 수 있는 사람이라는 평가를 자주 들으므로 법 위반 여부에 대해서는 그다지 관심을 기울일 필요가 없다'라고 반응한다면, 이는 매우 위험한 일이 아닐 수 없다. 우리는 뉴스에서 판사, 검사, 변호사와 같은 법률가들이 불법행위에 연루되어 구속되거나 징역형에 처해지는 것을 보면서 "왜 법을 배운 사람들이 저렇게 쉽게 법을 어길까?"라고 의문을 제기하게 된다.

그런데 **무언가를 잘 안다는 것은, 그것에 대해 매우 친숙해지는 것을 뜻함과 동시에, 그것을 나쁘게 이용할 수 있는 가능성도 있음을 뜻하게 된다.** 법을 잘 알게 되는 것도 마찬가지이다. 이는 법을 잘 지키게 되는 측면도 포함하지만, 동시에 법을 (적발되지 않도록 교묘하게) 위반하게 될 가능성도 포함한다.

우리는 아는 것과 행하는 것이 전혀 다른 것임을 직시해야 한다. 그렇다면 그 어떤 직업보다도 법을 잘 알고, 법을 준수하는 것이 그 직무에 있어서 당연히 요구되는 법률가들조차도 법을 위반하고자 하는 유혹에 휘둘리는 경우가 많은데, 어느 누가 자신 있게 나는 법을 잘 지키는 사람이라고 말할 수 있겠는가?

이는 그가 목사라고 해서 달라지지 않는다. 만약 한국의 목사들에게 이런 질문을 해본다고 가정해 보자.

"귀하는 목사와 판사, 검사, 변호사 등 법률가 중에서 누구에게 더 엄격한 도덕성이 요구된다고 생각하십니까?"

아마 대부분의 목사들은 성직자인 자신들에게 더 엄격한 도덕성이 요구된다고 답변할 것이다. 법률가보다 더 높은 도덕성이 요구되는 목사들은, 법률가보다 더 민감하게 법 위반 여부에 반응하고 그럼으로써 세상과 구별되어야 할 것이다.

그런데 정말 안타깝게도 우리는 우리나라에서 내로라하는 대형교회의 담임 목사들 중 몇몇이 형사처벌을 받거나 위법한 행위로 인한 분쟁에 연루됐다는 소식을 간혹 접하게 된다. 세상의 빛과 소금이 되어야 할 대형교회 목사들이 왜 형벌의 대상이 되어야 하는가? 법 없이도 살 사람이라는 평가를 들어도 모자랄 목사들이 교통 법규 위반으로 과태료를 부과받는 수준이 아니라 왜 무시무시한 형벌의 부과 대상이 되어야 하는가?

만약 어떤 그리스도인이 "남들 다 그렇게 하는데"라고 하면서 자기합리화를 하고 위법행위로 나아간다면 이는 세상과 구별된 모습을 보이는 것이 아닐뿐더러 "이 세대를 본받지 말라"는 하나님의 말씀에도 배치되는 것이다. 뒤에서 더 자세히 언급하겠지만, 이러한 불법의 유혹들은 결국 '나의 손해'와 관련되는 경우가 많다. 법을 지킴으로써 나에게 돌아오는 것은 경제적 손해 또는 시간적 낭비일 뿐인 것이다.

세상과 구별될 수 있는 기회

생각해 보면, 이러한 불법의 유혹이 있는 상황들은 그리스도인들을 시험에 빠뜨리는 고난의 순간들일 수 있으나, 뒤집어 생각해 보면 오히려 그 순간이 그리스도인이 세상과 구별될 수 있고, 그리스도의 향기를 드러낼 수 있는 절호의 기회가 아닌가 하는 생각이 들기도 하다. 이를 통해 "아, 저래서 기독교인이구나, 남들 안 지키는 법도 지키고 참 훌륭하구나"라는 평가를 받을 수 있는 것이다. 믿음에 대해서 양보하지 않고 기도 시간, 예배 시간에 대해서 양보하지 않는 것에서 한 발 더 나아가, 불법에 대해서도 양보하지 아니하고 그로 인한 나의 손해를 기꺼이 감수하는 것이 그리스도인의 숙명이 아닐까 한다.

이와 관련하여 부정한 수단을 써서 승리하기보다는, 실패를 무릅쓰고 옳은 길을 가는 것이 필요함을 강조하는 김영봉 목사의 의견에 귀 기울일 필요가 있다.

이 부패한 사회에서 그리스도인들이 받은 부르심은 부정한 수단을 써서라도 성공하고 승리하는 것보다는, 실패를 무릅쓰고 옳은 길을 가는 것이다. 그렇게 하면 결국 승리하고 더 잘될 것이라고 장담하는 사람들이 있지만, 나는 그렇게 낙관적으로 보지 않는다. 진리의 길을 올곧게 걸으신 예수님은 결국 죽음을 당하지 않으셨던가! 예수님의 승리는 목숨을 지키는 것이 아니라 끝까지 진리를 지킨 것이 아닌가!…(중략)…그러한 '승리의 패배'들이 이 사회를 정화시키는 거룩한 희생이 아닌가![88]

예수님은 우리가 다른 사람을 이기기 위해 노력하는 것도 원치 않으시며, 그것을 위해 부정한 술수를 동원하는 것도 원치 않으신다. 살아가는 모든 과정에서 그분의 제자답게 행동하기를 원하신다. 적어도 그리스도인에게 이르러서는 그 부패의 사실이 끊어지기를 원하신다. 우리가 잠시만 눈감아 달라고 아무리 빌어도 그분은 들어주시지 않을 것이다.[89]

(3) 그리스도인의 위법행위는 재물에 굴복하는 결과로 이어질 수 있다.

혹자는 어쩔 수 없는 상황이 되면 법을 위반할 수도 있는 것 아니냐고 반문할 수 있다. 그렇다면 과연 어떠한 상황이 '어쩔 수 없는 상황'에 해당되어 위법을 저지르는 것이 허용되는 것일까?

이와 관련하여 우리가 평상시에 법을 위반하게 되거나 혹은 위반하는 사람을 목격하게 되는 상황 중에 대표적인 것 몇 가지를 나열해 보면 다음과 같다.

① 도로에서 과속운전, 불법유턴, 무단횡단 등
② 드라마, 영화, 노래, 찬양 등을 불법적으로 다운받는 것
③ 세금을 축소 신고하는 것
④ 회사 또는 교회 재산을 사적 용도로 불법 전용하는 것

앞서 언급했듯이, 위법행위를 하는 상황은 곧 나의 손해와 연결되는 상황을 전제로 하는 경우가 많다. 위법행위를 하게 되면 그 순간에 나에게 이익이 되고 법을 지키게 되면 나에게 불이익이 되는 것이다. 그러나 더 근본적으로, 위법행위는 신앙 원리를 훼손할 수 있다.

이미 눈치 챈 사람들도 있겠지만, ②번 내지 ④번은 나의 '금전적인 손해'와 연결된 것이고, ①번은 나의 '시간적인 손해'와 연결된 것이다. 시간은 곧 돈이라는 현대 자본주의의 원칙을 고려할 때, 위의 네 가지 사례는 결국에는 궁극적으로 돈과 연관성이 있다고 할 수 있다. 그렇다면 우리가 위와 같은 위법을 한다는 것은 곧 '재물을 섬기게 되는 상황'으로 이어질 수 있다는 것을 의미한다.

예수님은 재물에 대해 다음과 같이 말씀하셨다.

"아무도 두 주인을 섬기지 못한다. 한쪽을 미워하고 다른 한쪽을 사랑하거나, 한쪽을 중히 여기고 다른 한쪽을 무시할 것이다. 너희가 하나님과 재물을 함께 섬길 수 없다"(마 6:24).

그리스도인들은 위법을 하는 순간이 곧 재물을 섬기고 돈에 무릎을 꿇는 상황이 되는 것은 아닌지 정말 조심할 필요가 있다. 하나님이 그리스도인들에게 꼭 필요한 양식을 주신다는 것을 믿는다면, 우리는 경제적인 손해를 보는 유혹 앞에서 더욱 당당해질 필요가 있는 것이다. **우리가 '어쩔 수 없는 상황'이라고 여기는 것들이 사실 냉정하게 따지고 보면 내가 손해를 볼 상황이지 어쩔 수 없는 상황은 아닐 것이다.**

> "오늘 있다가도 내일이면 불 속에 던져질 들풀도 하나님께서 그렇게 입히시는데 하물며 너희는 얼마나 더 잘 입히시겠느냐? 믿음이 적은 사람들아!"(마 6:30).

물론 정말로 '어쩔 수 없는 상황'에 해당되는 경우도 있을 것이다. 예를 들어, 도로에서 과속운전을 하더라도 그것이 출산이 임박한 임산부를 병원으로 급히 이송하기 위한 상황 때문인 경우를 들 수 있다. 그러나 이러한 예외적인 상황은 현실적으로 자주 마주칠 수 있는 것이 아니다. 따라서 위법을 하게 되는 상황이 발생할 경우, 나를 포함한 그리스도인들은 '어쩔 수 없고 불가피한 상황'이라고 손쉽게 자기합리화를 해서는 안 될 것이다. 그렇게 법을 위반하고자 하는 유혹에 넘어가는 순간, 하나님이 금하시는 '재물을 섬기고 물질에 굴복'하는 결과로 이어질 수 있음을 인식해야 한다.

⑷ 준법의 강조와 율법주의의 구분

참고로, 준법을 강조하는 것과 율법주의는 명확히 구분되어야 한다. 먼저, 율법주의는 율법의 행위를 완벽하게 수행함으로써 구원에 이를 수 있다는 것을 말한다.[90] 그러나 나는 행위에 의한 구원이 아닌 믿음에 의한 구원이 하나님의 진리라고 믿는다.

다만, 그리스도인이 구원을 받은 후 '성화'(sanctification)의 과정을 거치면서 행해야 할 여러 가지 것들이 있으므로, 나는 특히 그중에서 법을 지키는 삶의 중요성을 강조하고자 하는 것이다. 따라서 나는 준법의 강조와 율법주의가 근본적으로 다른 것임을 전제하고 있는 것이다.

3) 그리스도인들이 법을 위반하게 되는 실제 사례들

⑴ 실제 사례를 익히는 것의 필요성

이번 장에서는 그리스도인들이 관련되는 법 위반 실사례들을 제시함으로써 법을 지켜야 한다는 추상적인 원리가 현실 생활에서 구체적으로 적용될 수 있도록 하고자 한다. 단순히 "법을 지켜야 합니다"라고만 말하는 것은 추상적인 원칙에 불과하여 현실 문제에서 어떠한 지침을 제공하기에 부족하기 때문이다.

유사한 예로, 우리나라 민법 제2조 제1항은 "신의성실"이라는 제목 아래 "권리의 행사와 의무의 이행은 신의에 좇아 성실히 하여야 한다"라고 규정하고 있다.

그런데 신의성실하게 하여야 한다는 민법 조문 내용만 알고 당장 현실 속으로 뛰어들어 가면, 도대체 어떻게 해야 신의성실하게 계약을 이행하는 것인지 알기가 어렵다. 그래서 법률가들은 법원의 판결들을 공부하여 구체적인 현실 사건에서 '신의성실의 원칙'이 어떻게 적용되는지 그 적용 과정을 익혀야 하는 것이다.

이것은 마치 예수님의 지상 명령인 "이웃을 사랑하라"는 추상적인 원리가 현실의 문제 앞에서 때로는 공허한 원칙에 불과할 때가 있는 것과 유사하다. 따라서 나는 이 책을 읽는 사람들이 '앞으로는 법을 잘 지켜야겠구나'라고 느끼는 것에서 한 발 더 나아가 '내가 살고 있는 삶에서 그냥 지나쳤던 이러저러한 것들이 성경적으로 문제가 될 수 있구나'라고 구체적으로 느낄 수 있게 되기를 바란다.

그리스도인들도 일반 국민이기 때문에 그리스도인들의 법 위반 사례들은 다양할 것이다. 그러나 여기서는 논의의 범위를 좁혀서 일반 사람들보다 그리스도인들에게 더욱 발생할 가능성이 높은 법 위반 사건들을 검토하고자 한다.

특히 이 책에서는, 그리스도인들이 인식하지 못하는 사이에 순간적으로 법 위반이 되어 버리는 대표적인 사례들을 위주로 언급하고자 한다. 이중에는 내가 언론을 통해서 접한 것들도 있고, 내가 직접 목격한 것들도 있다. 이러한 사건들을 보면서 법을 지킨다는 추상적인 원리가 실생활에 어떻게 적용되어야 하는지 조금이라도 도움이 되었으면 한다.

(2) 기부금 납입 확인서의 금액을 허위로 늘리는 경우

다음의 사례를 살펴보자.

> 연말이 되면 A교회는 연말정산에 사용할 기부금 영수증을 발행하느라 분주하다. A교회의 甲목사는 乙성도로부터 십일조, 감사헌금, 선교헌금 등 지난 1년 동안 드린 헌금에 대한 기부금 영수증을 발급해달라는 요청을 받았다. 그런데 甲목사와 친한 乙성도는 웃으면서 다음과 같이 말한다.
> "목사님, 제가 300만 원 정도 헌금한 것 같은데, 500만 원 정도로 좀 올려주세요."
> 그러자 甲목사는 말한다.
> "네, 그렇게 해드려야죠."
> 그리고는 甲목사는 300만 원이 아닌 500만 원에 대한 기부금 납입 증명서를 乙성도에게 발급하였다. 乙성도는 이렇게 발급받은 기부금 영수증을 재직 중인 B회사에 제출하였고, 乙성도는 연말정산에서 좀 더 많은 금액을 환급받게 되었다.

위에서 乙성도가 기부금 영수증의 기부금 액수를 늘려달라고 한 것은 연말정산 시 더 많은 금액을 돌려받기 위해서일 가능성이 높다. 소득세법에 따른 복잡한 계산법이 있기는 하나 대략적으로 말하면 교회에 기부금으로 납입한 금액의 15%가 세액공제되며, 기부금은 연소득의 10% 이하의 범위에서만 세액공제 대상이 된다(소득세

법 제59조의4 제4항).

따라서 乙성도의 연 소득이 5,000만 원이고 기부금 액수가 300만 원이라면, 다른 공제 요소들을 배제하는 경우, 300만 원이 5,000만 원의 10% 이내여서 세액공제 대상 범위에 포함되게 되고, 乙성도는 300만 원의 15%인 45만 원에 해당되는 소득세를 돌려받게 되는 것이다. 그런데 만약 기부금 액수가 500만 원이 되는 경우 500만 원의 15%인 75만 원을 돌려받게 되어 추가로 30만 원을 돌려받게 된다. 결국 乙성도는 더 많은 돈을 돌려받고자 실제 헌금한 액수보다 늘어난 액수에 대한 기부금 영수증을 받고자 했을 가능성이 높은 것이다.

위에서 언급한 상황은 '좋은 게 좋은 것'이라는 한국사회에 통용되는 관행에 따라 별다른 문제의식 없이 실제 납입한 금액보다 증액된, 그래서 '허위의 기부금 영수증을 발급'하게 되는 상황을 보여 주고 있다. 혹자는 "1년 동안 열심히 헌금을 드렸는데, 헌금 액수를 조금 늘려서 기부금 영수증을 받는 것이 무슨 문제가 되느냐"고 반박할 수도 있다. 그러나 이에 대해서 우리나라 세법은 "문제가 된다"고 말하고 있고, 그것도 형사 처벌이 가해질 수 있는 문제라고 말하고 있다.

> **조세범처벌법 제3조(조세 포탈 등)**
> ① **사기나 그 밖의 부정한 행위**로써 **조세를 포탈**하거나 **조세의 환급·공제를 받은 자**는 2년 이하의 징역 또는 포탈세액, 환급공제 받은 세액(이하 '포탈세액 등'이라 한다)의 **2배 이하에 상당하는 벌금**에 처한다. 다만, 다음 각 호의 어느 하나에 해당하는 경우에는 **3년 이하의 징역 또는 포탈세액 등의 3배 이하에 상당하는 벌금**에 처한다.
> (이하 생략)

> ⑥ 제1항에서 "**사기나 그 밖의 부정한 행위**"란 다음 각 호의 어느 하나에 해당하는 행위로서 조세의 부과와 징수를 불가능하게 하거나 현저히 곤란하게 하는 적극적 행위를 말한다.
> 2. **거짓 증빙 또는 거짓 문서의 작성 및 수취**

위 조세범처벌법 제3조 제1항 및 제6항이 규정하듯 "거짓 증빙 또는 거짓 문서의 작성 및 수취"에 근거하여 "조세를 포탈하거나 조세의 환급을 받은 자"는 벌금형 또는 징역형에 처해질 수 있다. 만약 위에서 언급한 사례에 대해서 판결이 내려진다면 乙성도는 "부정한 행위로써 조세를 포탈·환급·공제받은 자"에 해당되고 甲목사는 그에 대한 공범에 해당되어 벌금형 또는 징역형에 처해질 수 있는 것이다.

이와 관련하여 국세청은 연말에 허위 기부금 영수증을 발급한 단체를 공개하고 있는데, 종교단체가 가장 큰 비율을 차지하고 있으며, 이중에는 개신교 교회도 포함되어 있는 것으로 보인다.[91] 한편, 허위 기부금 영수증 발급과 관련하여 다음과 같은 판결이 실제로 선고된 적도 있다. 다만 아래 사건은 개신교 교회와 관련된 것은 아니고 불교 사찰과 관련된 것이다.

> **울산지방법원 2014. 2. 13. 선고 2013고단3293 판결**
>
> 주 문
> 피고인을 **징역 6월**에 처한다.
> 다만, 이 판결 확정일로부터 **2년간 위 형의 집행을 유예한다**.

> 이유
>
> 피고인은…근로소득자 E 등으로부터 기부금을 받은 사실이 없음에도 불구하고…[중략]…위 E를 비롯한 47명의 근로소득자의 부탁을 받고 합계 6,718만 원의 기부금 영수증을 발행하여 위 근로소득자들이 위 기부금 영수증을 첨부하여 연말정산신고를 하도록 한 후, 2010. 12. 31. 근로소득세 연말정산신고기한을 경과함으로써 위 근로소득자들과 공모하여 사기 기타 부정한 방법으로 근로소득세 합계 11,298,649원을 포탈하게 하였다.

위와 같이 금액이 부풀려진 기부금 영수증을 발급하는 행위가 조세범처벌법에 위반되어 형사 처벌이 가능한 것이라는 점에 대해서는 모든 그리스도인들이 명확하게 알고 있을 필요가 있다.

(3) 교회 재정을 사적으로 유용하는 경우

대법원은 지난 2006년 4월 서울의 한 대형교회인 A교회의 담임목사 甲에 대하여 횡령죄와 배임죄를 이유로 징역 2년 6개월, 집행유예 3년의 형을 확정하였다. 甲은 90년대 말에 한국의 대표적인 교단의 감독까지 역임했던 목사인데도 불구하고 어떤 연유로 이러한 형사 처벌을 받게 되었는지 살펴볼 필요가 있을 것이다.

이 사건의 사실관계의 요지는 다음과 같다.

> 甲 목사는 ① 감독회장 부정선거비용, ② 자신의 비리를 다룬 TV 프로그램 방송을 저지하기 위한 로비자금과 방송 내용을 반박하는 각종 신문 광고비 및 그와 관련한 소송의 변호사 수임료, ③ 자신의 개인적 문제에 대한 고소에 대응하기 위한 변호사 수임료 및 고소인과의 합의금 등에 A 교회 재정을 사용하면서 적법하게 교인들의 동의를 얻지 않았다.[92]

위 사건에서 가장 핵심적인 문제는 첫째로, '개인적인 문제에 대해 교회 재정을 사용하였다'는 것이고 둘째로, '적법하게 교인들의 동의를 얻지 않았다'는 것이다.

첫째, 개인적인 문제에 대한 교회 재정의 사용

위 첫 번째 문제에 관련하여 위 사건의 대법원 판결문에는 다음과 같은 내용이 언급되어 있다.

> 피고인의 횡령행위, 재산문제, 감독회장 부정선거, 여자문제 등 피고인의 개인 비리나 부정을 무마하거나 처리하기 위하여 교회공금을 사용하는 것은 그 자체가 임무위배행위에 해당하고, 교인들의 의사에 부합한다고 볼 수 없음은 명백하다.[93]

교회 재정을 개인적인 목적으로 사용하지 않아야 함은 지극히 상식적인 일일 것이다. 어떤 조직이든 공금의 개인적 사용은 늘 중요한 문제로 간주되어 왔다. 그것이 국가이든, 기업이든, 교회이든, 공적 자금을 개인적 목적으로 전용하지 않아야 함은 매우 중요한 원칙인 것이다.

그런데 한 조직의 수장은 어떤 문제가 생겼을 때, 그것이 곧 그 조직의 문제이기도 하다는 착각을 할 수 있다. 그 조직의 대표인 자신에 대한 문제로 인해 자신의 명예가 훼손되면 곧 그 조직의 명예도 훼손되므로, 자신의 문제는 곧 조직의 문제라는 인식을 갖게 되는 것이다. 더불어 개인적인 일이 발생했을 때 그에 대응하기 위해 내 돈을 쓰기보다 '눈 먼 공적 재정'을 사용하고 싶은 인간적인 욕망도 발동될 수 있다.

이 사건에서도 甲 담임목사는 A교회 재정은 교회를 위한 것이라거나 교인들의 의사에 부합한다고 항변하였으나 법원은 이러한 항변을 받아들이지 않았다. 이에 대한 항소심 법원의 판결 내용은 아래와 같다.

> 피고인은 먼저 교회공금의 사용이 교인들의 의사에 부합한다는 취지로 주장하나, 아래 개별적 범죄사실에 대한 항소이유에 관한 판단부분에서 살펴보듯이, 피고인의 교회공금 사용은 피고인의 개인적 이익을 위하거나 혹은 부정한 목적(부정선거 등)을 위하여 사용된 것이어서 교인들의 의사에 부합한다고는 도저히 볼 수 없[다][94]

내가 기업 법무팀에서 일할 때 "회사를 위해 자기 돈을 쓰지 말고, 자기를 위해 회사 돈을 쓰지 말라"는 말을 자주 들었다. 이 말은 지극히 맞는 말이지만, 실제 현실에서는 어떤 일이 '회사를 위한 것인지(공적인 일인지) 아니면 나를 위한 것인지(사적인 일인지)' 애매할 때가 자주 있다. 이렇듯 애매할 때가 오면 각자는 스스로에게 유리하게 합리화 하고 싶은 욕구가 생기기 마련일 것이다.

이러한 상황을 고려할 때, 위와 같은 원칙은 다음과 같이 보완이 되어야 할 것이다. "회사를 위해 자기 돈을 쓰지 말고, 자기를 위해 회사 돈을 쓰지 말라. 애매한 상황이 오거든 자기 돈을 쓰고 그것을 돌려받으려고 하지 말라"가 바로 그것이다.

이러한 애매한 상황의 예로 김동호 목사가 직면했던 다음과 같은 상황을 살펴보자.

> 둘째 아이가 군대에 가 있다. 군종으로 복무하고 있는데, 어느 날 군목에게 "선교용으로 쓸 15인승 소형버스 한 대를 동안교회에서 사줄 수 없느냐"는 연락이 왔다. 물론 동안교회에는 그만한 능력이 있다. 그러나 나는 그것이 공정한 일이 아니라고 생각했다. 물론 군선교라는 분명한 명분이 있었다. 하지만 교회 재정을 사용하여 내 아이에게 조금이나마 특혜가 돌아갈 수 있는 일을 할 수는 없었다. 나는 난처했지만 군목에게 그것은 공정한 일이 아니라고 말씀드렸다.[95]

위 사례에서 교회 재정으로 군에 소형버스 한 대를 기부하는 것은 공적인 사용인가, 아니면 사적인 사용인가? 사실 그리스도인들이 위와 같은 상황에 처하게 되면, 몇몇은 별다른 문제의식 없이 교회 재정을 사용하게 될 수도 있다. 또한 어떤 이는 김동호 목사가 지나치게 엄격한 기준을 가지고 있다고 주장할 수도 있다. 왜냐하면 위 사례에서도 언급되었다시피 군선교라는 공적인 명분이 있기 때문이다.

그러나 나는 **교회 재정이라는 공적 재정을 사용하는 데 있어서는 '지나치게 엄격한 기준'을 갖는 것이 오히려 정답**이라고 생각하고, 그러한 기준에 비추어 볼 때 위와 같은 김동호 목사의 선택은 매우 타당했다고 생각한다.

"오얏나무 아래에서 갓끈을 고쳐 매지 말라"는 속담처럼, 공적인 목적과 사적인 목적이 혼합되어 있어서 논란의 소지가 있거나 제3자의 의심을 야기할 수 있는 경우에는 아예 그런 행위를 시작하지 않는 것이 적어도 교회 재정을 사용하는 데 있어서는 적합하다고 생각된다.

물론 앞서 A 교회의 사건은 사실 그다지 '애매한 상황'은 아닌 것으로 보인다. 비록 甲 담임목사가 감독 회장에 당선되는 경우 A 교회의 평판이 더 나아질 수는 있으나, 그렇다고 하여 교회 재정을 부정선거 비용으로 사용하는 것이 A 교회를 위한 일이 되거나 교인들의 의사에 부합한다고 볼 수는 없는 것이다.

마찬가지로 甲 담임목사의 개인 비리를 지적하는 TV 프로그램이 방송되는 경우 甲 담임목사뿐만 아니라 A 교회의 평판이 일부 저하될 수는 있으나, 그렇다고 하여 교회 재정을 위 TV 프로그램의 방영 저지를 위한 로비자금으로 사용하는 것이 A 교회를 위한 일이 되거나 교인들의 의사에 부합한다고 볼 수는 없는 것이다.

혹자는 교회의 특수성을 거론하며, 교회에는 일반 사회에서 적용되는 것과는 다른 기준이 적용되어야 하며, 목회 사역이 갖는 폭넓은 특성을 고려할 때 교회 재정의 사용에 더 넓은 재량권이 부여되어야 한다고 주장할 수도 있다.

그러나 추상적인 교회의 특수성을 논하기에 앞서, 구체적으로 어떤 경우에 일반 사회에서는 사적인 사용으로 인정되는 것이 교회에서는 공적인 사용으로 변모될 수 있는지에 대해서, 특별한 대우를 원하는 교회에게 이를 논리적으로 증명할 책임이 부여될 것이다. 아니 그에 앞서, 과연 교회에서 일반 사회보다 완화된 기준이 적용되는 것이 타당한지에 대해 근본적인 의문이 제기될 필요가 있다. 이에 대해서는 교회 재정 건강성운동의 2015년 교회 재정 세미나에서 발표되었던 다음의 내용에 귀 기울일 필요가 있다.

> 많은 경우 교회는 일반 사회와 다르다는 특수성을 얘기 하지만, 이는 청지기 역할을 수행하는 교회가 사회의 모델이 되어야 한다는 차원에서 더 엄격한 기준 적용 대상이어야 한다.[96]

결론적으로 내 돈과 교회 돈은 철저하게 분리되어야 한다. 내가 교회 돈을 집행하는 데 있어서 최종적인 의사결정권자라고 하더라도 그것과 그 돈이 누구의 것이냐는 전혀 별개의 문제이다. 즉, 내가 어떠한 돈의 집행을 결정한다고 해서 그 돈이 내 것인 양 생각해서는 안 되는 것이다. 그 돈은 법적으로 교인들의 공동 재산인 것이다.[97] 이는 어떤 회사의 대표이사가 자신에게 일정 금액 이하의 회사 재정에 대해 최종적인 의사 결정 권한을 가지고 있다고 해서 그 돈을 마치 자신의 돈인 양 유용해서는 안 되는 것과 마찬가지이다.

또한 교회는 일반 사회보다 더 엄격한 기준을 적용해야지, 완화된 기준을 적용해서는 안 된다. 일반 사회의 기준이 적용될 수 없는 특수성이 교회에 있다면, 이를 추상적으로 얘기할 것이 아니라 구체적인 사례를 들어 논리적으로 설명해야만 그 필요성이 인정될 것이다. 그렇지 않고서는 일반 사회에서 성직자에게 더 높은 도덕적 기준이 요구되는 것처럼, 교회에게는 더 엄격한 공과 사의 구분이 요구되는 것이다.

둘째, 교인들의 적법한 동의를 미취득

어떠한 조직이든 공금 사용을 위한 절차가 마련되어 있을 것이다. 만약 그러한 절차를 위반하여 비밀리에 공금이 사용된다면, 그러한 절차 위반에 합리적으로 인정될 수 있는 부득이한 사유가 있지 않은 이상 그러한 공금 사용은 내부 규정 위반에 해당될 것이다. 따라서 대부분의 조직체들이 공금 사용에 대해 사전 심사 및 사후 감사 절차를 엄격하게 갖추어 놓고 있는 것이다.

그러나 "나랏돈은 눈먼 돈"이라는 말이 있듯이, 조직체의 공적 자금에 대해서는 현실적으로 감시의 눈길이 제대로 미치기 어려운 것이 사실이다. 국가의 주인은 국민이나 국민들은 국가의 재정 집행에 대해 속속들이 알 수 없는 노릇이고, 또한 개인의 삶과 직접적인 관련이 없는 국가 재정에 대해 큰 관심을 갖기 어려운 것도 사실이다.

교회 재정 역시 마찬가지이다. 교회에서 중요한 업무를 담당하고 있는 제직들을 제외한 대다수의 일반 교인들은 교회 재정이 어떻게 사용되는지 잘 알기 어렵다. 물론 연말에 총회를 통해 재정 사용 내역에 대해 보고를 하기는 하나 이는 형식적인 경우가 많을 것이다.

따라서 그러한 재정 집행을 직접 심의하는 제직들이 절차 위반을 눈감아 주는 한 그러한 부정행위는 발견되기 어려운 것이 사실이다. 이 사건에서도 A교회는 재정 집행에 대해 사전 심의와 사후 동의라는 두 단계의 감시 절차를 두고 있었으나 이러한 감시는 사실상 이루어지기 어려웠던 것으로 보인다.

우선 사전 심의와 관련된 대법원의 판결내용을 보자.

> 개체교회들은 개체교회를 원활하게 운영하기 위하여 기획위원회를 두고 중요한 사항에 관하여 협의하도록 되어 있는데, <u>피고인은 교회의 공금을 사용함에 있어 대부분 위와 같은 절차를 거치지 아니한 채 사후적으로 결의서만 갖추어 놓은 것으로 보일 뿐 아니라</u>, 설령 피고인이 교회 내부의 규정에 따라 기획위원회 또는 실행위원회의 결의를 거쳤다 하더라도…(중략)…기획위원회의 의사결정도…(중략)…담임목사인 피고인과 몇 사람이 먼저 결정을 한 후 장로들에게 일방적으로 통보하는 형식으로 이루어지고 있을 뿐만 아니라…(중략)…<u>만약 기획위원회에서 피고인의 의견에 반대하면 담임목사의 목회방침에 위배가 되어 출교조치가 내려지거나 다른 장로들로부터 따돌림을 당하게 되는 형편임을 알 수 있으므로</u>, 기획위원회의 결의가 교인들의 진정한 의사를 대변하는 것이라고는 보기 어려우며, 실행위원회는 A교회에만 있는 특수한 기구로서 기획위원 중 피고인이 임명하는 사

> 람들로 구성되고, 그 의사결정에 있어 피고인의 의견을 거의 전적으
> 로 따르고 있어, 그 결의 역시 교인들의 진정한 의사를 반영하는 것
> 으로 보기 어렵다.98)

위에서 볼 수 있듯이, 대법원은 A교회의 재정을 집행하는 데 있어서 공식적으로 사전 심의를 수행하는 기획위원회가 실제로 개최되었는지에 대해 의문을 가졌고, 나아가 기획위원회와 실행위원회는 교인들의 의사를 반영하기 어려운 구조를 가지고 있었다고 판단하였다. 결국 A교회의 사전 심의를 통한 감시는 제대로 이루어지지 못했던 것이다.

다음으로 사후 동의와 관련된 대법원의 판결 내용을 살펴보자.

> [A교회 수입 지출 내역에 대하여 해마다 한 차례씩 개최되는]
> A교회 당회에서의 교인들의 추인은 피고인이 감사결과 보고서를 작성하여 당회 직전에 감사에게 넘겨주고, 감사는 그것을 읽고 끝내는 식으로 보고할 뿐이고, 교회공금의 구체적인 사용내역에 대하여는 전혀 보고되지 아니한 채 피고인이 교인들의 박수를 유도하여 통과시키는 방식으로 이루어지며, 피고인이 교인들에게 "간단하게 보고를 하였는데 궁금한 사항이 있으면 교회 사무실에 와서 확인하라"는 식이어서 교인들 중 감사결과 보고서를 문제 삼거나 확인하는 사람이 한 명도 없었음을 알 수 있는바, 사정이 이와 같다면 이 사건 각 공소사실과 같은 피고인의 교회공금 사용행위에 대하여 교인들로부터 적법하게 당회의 의결을 얻었다고 할 수 없다.99)

위와 같은 판결내용에서 알 수 있듯이, A교회는 기획위원회를 통한 사전 심의를 제대로 거치지 않은 것에서 나아가 교인들에 의한 사후 동의 역시 제대로 거치지 않았음을 알 수 있다.

아마도 A교회는 교회 재정을 집행하는 데 있어서 대부분의 경우 적법한 사전 심사 및 사후 동의 절차를 거쳤을 것으로 예상된다. 그러나 문제는 교회 재정의 집행 목적이 사적인 일인지 공적인 일인지 애매한 경우이다. 사실 교회 재정을 사용하는 데 있어서 일정한 사전 심의 절차 및 사후 동의 절차를 거치도록 한 것은, 교회 재정을 사용하는 데 있어서 신중을 기하라는 이유도 있겠지만, 더불어 그러한 사적 목적에 따른 사용을 견제, 감시하려는 이유도 있을 것이다.

그런데 甲 담임목사는 사적인 목적으로 교회 재정을 집행하는 데 있어서 기획위원회의 사전 심의 절차를 제대로 거치지 않았고, 나아가 감사결과 보고에 근거한 교인들의 사후 동의를 형식적으로만 받음으로써 그러한 감시 절차의 존재 목적을 훼손했던 것이다.

(4) 돈봉투를 동반한 선거 운동

한국 그리스도인들의 법 위반 사례와 관련하여 돈봉투를 동반한 선거운동, 즉 금권선거를 언급하지 않을 수 없다. 결과 지향적인 사고방식이 내재되어 있으면, 결과에서 이기는 것이 지상 목표인 이상, 공정한 절차를 따르려는 동기가 약화될 가능성이 높고, 이러한 현상은 교회 관련 선거에도 예외 없이 적용될 수 있다.

이와 관련하여 지난 2011년에 발생하였던 한국기독교총연합회 대표회장 선출 선거와 관련된 금권선거 논란을 검토해 볼 필요가 있다. 당시의 금권선거 문제는 직전 대표회장이었던 A 목사가 "돈을 안 썼을 때는 대표회장에서 떨어졌는데, 돈을 쓰니까 대표회장에 당선되더라. 이게 한기총 대표회장 선거의 실상이다"라고 양심선언을 하면서 촉발됐고, 이후 당시 선거에서 대표회장에 당선되었던 B 목사가 소속 교단에서 한기총 대표회장 후보로 추대되는 과정에서 돈봉투를 돌렸다는 의혹이 제기되면서 논란이 커졌다.[100]

이와 관련하여 문제의 당사자인 A 목사와 B 목사는 공동 성명에서 "우리는 한기총 대표회장 선거에 있어서 금권선거로 하나님과 한국 교회 앞에서 떳떳하지 못했던 사람들이다. 심려를 끼쳐 드려 깊은 사과를 드린다"는 내용을 발표하였다.[101] 이러한 금권선거는 바로 당선이 지상 목표인 결과 지향적 행태의 전형이라고 볼 수 있다. 김영봉 목사 역시 한국 개신교계의 금권선거의 심각성에 대해 다음과 같이 문제제기를 하고 있다.

> 혼탁한 선거전에 참여하는 사람들도 마찬가지다. 대개의 경우 선거에 나섰으면 이기도록 노력하는 것이 당연하다. 하지만 그 집착이 너무 강하다 보니 온갖 부정이 동원된다. 교회 기관 선거마저 금권 선거로 타락했다는 것은 공공연한 비밀이 되었다. 그러니 일반 사회의 경우는 더 말해 무엇하겠는가! 이 상황에서 그리스도인의 양심을 지킨다는 것은 그렇게 만만한 일이 아니다(하긴, 사회의 일반 조직보다 교회 조직이 더 정의롭다는 말은 더 이상 당연한 사실로 받아들여지지 않는다. 깨끗하고 투명한 선거가 이루어지는 사회 조직은 의외로 많다. 딱한 일이다).[102]

이러한 금권선거의 문제는 비단 한국기독교총연합회 대표회장 선거에만 해당되는 것이 아니라, 한국 교회의 각 교단들에게도 해당되는 문제이다. 이러한 금권선거가 발생되는 이유에 대해 기독교 윤리 실천운동은 다음과 같이 지적하기도 하였다.

> 문제의 핵심은 선출방식의 미흡함에 있는 것이 아니라, 교단선거법에 불법선거를 규정하는 조항 및 처벌과 관련한 구체적 내용이 전무하다는 것입니다. 실제로 각 교단의 선거규칙을 분석한 결과 선거운동에 대한 규제는 있지만, 그것을 위반했을 경우의 징벌규정이 없는 경우가 대다수였습니다.[103]

우리나라의 대통령 선거, 국회의원 선거 등에서 유권자들에 대한 금품 지급을 금지하고 있는 이유는, 만약 이를 허용할 경우 결국 더 많은 돈을 가진 자가 선거에서 당선되는 결과를 발생시키기 때문이다(공직선거법 제230조 제1항 참조). 그렇기 때문에 공직선거법에서는 공직선거법을 위반하여 징역 또는 100만 원 이상의 벌금형을 선고받은 경우에는 당선을 무효로 하는 엄격한 규정을 두고 있는 것이다(공직선거법 제264조).

그런데 이렇게 일반 선거에서도 절대로 허용되지 않는 금권선거가 한국의 개신교 대표 단체의 장을 선출하는 선거에서 발생되었던 것이다. 이렇듯 교회가 돈에 의해 지배되는 현상은 예수님께서 크게 걱정하셨던 문제 중의 하나이다.

"예루살렘에 도착하시자마자 예수께서 성전으로 들어가 거기서 장사하던 사람들을 내쫓기 시작하셨습니다. 예수께서는 돈 바꿔주는 사람들의 상과 비둘기를 파는 사람들의 의자를 둘러엎으셨습니다. 그리고 어느 누구라도 장사할 물건들을 들고 성전 안으로 지나다니지 못하게 하셨습니다. 그리고 예수께서 사람들을 가르치시며 말씀하셨습니다. '내 집은 모든 민족들이 기도하는 집이라 불릴 것이다'라고 성경에 기록돼 있지 않았느냐? 그런데 너희는 이곳을 '강도의 소굴'로 만들고 말았다"(막 11:15-17).

예수님께서는 교회 안에서 장사를 하는 것도 크게 문제 삼으셨는데, 하물며 교회 단체장을 뽑는 선거에서 돈 봉투가 오가는 것에 대해서 뭐라고 하시겠는가? 금권선거의 논란은 국회의원 선거, 지방자치단체장 선거 등에서 단골 메뉴로 등장하는 문제이고, 이러한 논란은 일반 국민들로 하여금 정치에 대해 냉소를 흘리고 무관심하게 만드는 주요 원인이 되어왔다. 그런 일반 국민들이 교회 관련 선거에서조차 금권선거가 문제되고 있다는 뉴스를 접하게 되면, 교회에 대한 실망감과 거부감은 이루 말할 수 없이 커질 것이 분명하다.

안타깝게도 이러한 금권선거의 논란은 제대로 해결되지 않아 이단 문제와 더불어서 한국기독교총연합회로부터 한국교회연합을 분리시키는 결과를 낳았다.[104] 최근 들어 한국기독교총연합회와 한국교회연합이 통합하려는 가시적인 움직임을 보이고 있고, 그러한 통합의 근간에는 금권선거 문제의 선제적 해결이 자리잡고 있다.[105]

4) 공정한 절차를 준수하기 위한 방안

그리스도인들이 공정한 절차를 준수해야 하는 것과 관련하여 어떤 방안이 있을 수 있는가? 사실 준법 문제는 그리스도인들에게만 국한된 문제가 아니고, 일반 국민에게 당연히 요구되는 의무라는 점에서 특별한 방안을 제시하는 게 가능한 일인지 의문이 들기는 하다. 따라서 나는 일반적으로 적용될 수 있는 방안보다는 그리스도인들이 특히 주의해야 할 점에 대해서 언급해 보고자 한다.

(1) 법 위반이 곧 성경적 의미의 죄에 해당됨을 인식해야 한다

나는 가장 우선적으로 위법행위가 곧 성경적 의미의 죄에 해당됨을 그리스도인들이 명확하게 인식하는 것이 필요하다고 생각한다. 이러한 인식이 선행되지 않고서는 여전히 한국 사회에 뿌리 깊은 "법을 지키면 나만 손해 본다"는 사고방식에서 벗어나기 어려울 것이기 때문이다.

실제로 한국법제연구원의 2015년 설문조사에 따르면, 설문에 답변한 사람 중 50%가 법이 잘 지켜지지 않는다고 답했고, 법을 준수하지 않는 이유에 대해서는 42.5%가 법대로 살면 손해를 본다고 답했다고 한다.[106]

우리는 그리스도인이기 전에 한국 사람이기 때문에 근본적으로 한국 사회에 만연한 풍조에서 벗어나기가 쉽지 않다. 한국의 목사들 역시 하늘에서 떨어진 존재가 아니고 한국에서 수십 년을 살아온 사람들이다. **만약 그러한 풍조에 대한 비판적 인식이 없는 상태에서 그 위에 복음과 신학이 덧입혀진다면, 복음과 신학은 현실에 대해 제대로 된 지향점을 제시하지 못하는 추상적 원리에 그치고, 현실의 문제점을 무비판적으로 수용하게 될 가능성이 높다.**

일부 한국 교회는 "그대는 그들을 일깨워서 다스리는 사람들과 권세 있는 사람들에게 복종하고 순종하게 하며"(딛 3:1) 등 여러 성경 구절에 근거하여 정부의 정책에 반대하는 집회 및 시위에 참여하는 그리스도인들을 만류하는 경향을 보이기도 한다.[107] 그러한 한국 교회의 처신이 옳았는지 여부를 떠나서, 만약 통치자에게 복종하는 것이 성경적인 것이라면 통치자가 통치의 근거로 삼는 법률을 준수하는 것은 필수적으로 뒤따라야 하는 것이 된다.

그런데 과연 일부 한국 교회가 정부의 정책에 반대하는 것을 성경에 위배되는 것이라고 말하면서, 동시에 우리의 삶에 있어서 법 위반을 하는 것 역시 성경에 위배되는 것이라고 강조해 왔는지 돌이켜 볼 필요가 있을 것이다.

신학대학원의 윤리 교육

한국 교회가 준법을 강조해 왔는지와 관련하여 신학대학원의 윤리 교육 현황을 살펴보고자 한다. 앞서 언급하였듯이 '법은 최소한의 도덕'이라는 점에서 준법은 윤리 교육의 중요한 일부가 될 수밖에 없기 때문이다. 따라서 신학대학원의 윤리 교육 현황을 살펴봄으로써 한국 교회가 준법을 강조하고 있는지 부분적으로나마 확인이 가능할 것이다.

신학대학원의 윤리 교육 현황을 살펴보기에 앞서, 우선 목회자와 유사하게 고도의 도덕적 기준이 요구되는 법률가를 양성하는 법학전문대학원의 사례를 살펴보자.

현재 법학전문대학원의 경우 법조윤리 과목을 의무적으로 수강하도록 되어 있으며(법학전문대학원 설치·운영에 관한 법률 시행령 제13조 제1항 제1호), 또한 변호사 시험을 치르기 위해서는 법무부가 시행하는 법조윤리 시험에서 70점 이상을 획득해야 한다(변호사시험법 시행령 제8조 제1항, 제3항 별표4). 이러한 법조윤리 과목은 주로 변호사법, 변호사 윤리장전 등 변호사 윤리와 관련된 규정과 그에 대한 실제 사례에 초점이 맞추어져 있다.[108] 여기서 그치지 않는다. 변호사가 된 이후에는 1년에 1시간 이상의 윤리 교육을 의무적으로 수강해야 한다(변호사법 시행령 제17조의2).

이와 관련하여 윤리는 중·고등학교 때 가르치면 되는 것이지 그것을 대학원에서까지 가르치고, 또한 그것을 의무적으로 수강하도록 하는 것이 과연 적절한지에 대해 의문이 있을 수 있다. 하지만 이는 윤리 교육의 본질을 오해한 것이다. 어떤 특정 직업을 가진 사람에게 직업윤리를 교육하는 것의 본질은 '윤리적으로 삽시다'라고 추상적으로 얘기하는 데 있는 것이 아니라, 그러한 직업을 가지게 되면 부딪히는 여러 구체적인 상황에서 어떻게 행동하는 것이 과연 여러 윤리규정이나 일반인의 윤리 의식에 부합하는지를 가르치는 데 있다. 즉, 직업윤리 교육은 그 직업과 관련된 구체적인 갈등 상황을 도덕적으로 해결할 수 있는 능력을 기르는 데 중요한 목적이 있는

것이다.[109]

그러한 구체적인 교육에 근거하여 변호사들은 교도소에 수감된 피고인에 대한 무제한적인 접견권을 활용하여 하루에 몇 시간이고 피고인과 접견실에 앉아서 법적인 문제와 관계없는 얘기를 하거나 피고인의 잔심부름을 하는 것이 과연 윤리 규정에 부합하는 것인지 고민하게 되고,[110] 기업을 운영하는 의뢰인이 검찰이나 경찰의 수사를 받는 과정에서 갑작스러운 압수수색이 이루어질 가능성을 우려하는 경우, 의뢰인에게 불리한 증거를 미리 삭제하는 것이 좋다고 조언하는 것이 과연 적법한지, 그리고 윤리 규정에 부합하는 것인지 고민하게 되는 것이다.

만약 어떤 변호사가 그러한 교육을 받지 않아서 어떠한 상황이 윤리 규정에 위반될 수 있다는 문제의식조차 갖지 못하게 되면, 그는 무의식중에 윤리 규정을 위반하게 될 것이다. 물론 윤리 규정을 몰랐다는 것은 정당한 변명이 되지 않을 것이다.

그렇다면 목회자를 양성하는 신학대학원의 경우에는 어떠한 윤리 교육이 이루어지고 있는가? 이와 관련하여 전국의 신학대학원 중 10군데를 샘플로 뽑아 각 홈페이지에 게재된 2017년 교과과정을 기준으로 각 대학원의 윤리 교육 현황을 조사한 결과, 총 8군데에서 최소 3학점 이상의 기독교 윤리 관련 과목을 필수과목으로 지정하고 있음을 확인할 수 있었다.

[10개 신학대학원의 윤리 관련 교육 현황]

순번	신학대학원	강좌 이름	필수과목 여부
1	감리교신학대학교 신학대학원[111]	기독교 윤리	O (총 6학점)
2	고려신학대학원	기독교 윤리학 등 2과목	O (총 5학점)
3	나사렛대학교 신학대학원	기독교 윤리	O (총 3학점)
4	서울장신대학교 신학대학원	기독교 윤리와 목회 등 2과목	X
5	성결대학교 신학대학원	기독교 윤리학	O (총 3학점)
6	장로회신학대학교 신학대학원	기독교 윤리학	O (총 3학점)
7	총신대학교 신학대학원	기독교 윤리	O (총 4학점)
8	침례신학대학교 신학대학원	기독교 윤리학	O (총 3학점)
9	한신대학교 신학대학원	기독교 윤리학개론	O (총 3학점)
10	한일장신대학교 신학대학원	기독교 윤리 등 2과목	X

※ 각 신학대학원별로 윤리 관련 과목이 필수과목으로 지정되어 있는 경우에는 다른 선택과목에 대해서는 별도로 조사하지 않았다.

위 조사 결과를 보면 일단 각 신학대학원이 윤리 교육을 대체적으로 강조하고 있음을 알 수 있다. 그런데 문제는 기독교 윤리라는 이름하에 이루어지고 있는 수업이 구체적으로 무엇을 교육하고 있느냐이다. 홈페이지상에서 강의계획서를 확인할 수 있었던 총신대학교 신학대학원의 경우, 필수과목인 기독교 윤리의 교과 개요는 다음과 같다.

[총신대학교 신학대학원 기독교 윤리의 강의계획서 중 발췌][112]

> 본 강의에서는 윤리학의 정의, 윤리적 반성의 대상인 인간의 행동과 규범의 문제, 덕의 윤리에 대한 비판적 반성을 다룬 다음, 실제 문제들의 영역을 예배윤리, 생명윤리, 성윤리의 세 범주로 나누어서 검토한다. 예배윤리에서는 제1계명부터 제4계명까지를 중심으로 하여 지역신론, 종교혼합주의, 종교다원주의, 하나님의 형상화, 서약, 저주, 제비뽑기, 주일성수 문제들을 다룬다. 생명윤리에서는 사형제도, 생명의 시작점과 관련된 문제들(유전학, 유전자 진단과 치료, 줄기세포, 인공수정, 낙태, 피임), 생명의 종결점과 관련된 문제들(안락사, 장기이식, 자살), 전쟁 등의 문제들을 다룬다. 성윤리에서는 남자와 여자, 성욕, 왜곡된 성, 동성애, 결혼, 이혼과 재혼 등의 문제를 다룬다. 강의 마지막 시간은 환경윤리 문제들 가운데 주제들을 선정하여 원우들의 발제와 토론방식으로 진행한다.

위 강의계획서에 따르면 주된 강의 대상이 예배윤리, 생명윤리, 성윤리이고, 예배윤리에서는 종교다원주의, 주일성수 등을, 생명윤리에서는 사형제도, 낙태, 안락사, 자살 등을, 성윤리에서는 동성애, 이혼 등이 다루어진다. 내가 위 강의를 직접 수강하지 않아서 함부로 얘기하기는 어렵지만, 사실 예배윤리에서의 종교다원주의, 주일성수 등의 문제는 종교학적인 또는 신학적인 내용이 많이 포함될 것으로 생각된다.

생명윤리나 성윤리의 경우 사형제도, 낙태, 안락사, 자살 등의 문제나 동성애, 이혼 등의 문제는 특별히 기독교적으로만 문제되는 것이 아니라, 일반적으로 그리스도인을 포함한 모든 사람들이 관심을 가질 만한 사회 문제에 해당되어 기독교만의 특수한 문제를 제대로 포함하지 못한다는 한계가 있다.

또한 위 강의계획서상 강의 주제들은 목사라는 직업을 가지게 됨으로써 직면하게 되는 구체적인 갈등 상황을 그다지 포함하지 않고 있음을 알 수 있다. 다시 말하면, 목사라는 개인이 목회 활동을 하면서 자신의 문제로써 부딪히게 되는 상황에 대한 교육의 비중이 낮은 것이다.

따라서 나는 위와 같은 강의 주제들이 직업윤리 교육의 측면에서는 부족한 면이 있다고 생각한다. 물론 특정 신학대학원의 강의계획서에 근거하여 모든 신학대학원의 직업윤리 교육이 부족하다고 일반화하기는 어려울 것이다. 만약 각 신학대학원의 기독교 윤리의 교육 과정상 직업윤리와 관련된 내용이 부족하다면, 이에 대해서 각 교단은 문제의식을 가질 필요가 있을 것이다.

신학대학원생들이 받아야 할 윤리 교육

그렇다면 신학대학원생들이 어떤 윤리 교육을 받아야 하는 것인가? 나는 앞서의 생명윤리, 성윤리와 같이 일반 사회에서 문제되고 있는 주제들에 대한 교육도 중요하지만, 더 나아가 최근 한국 교회에서 가장 문제시되고 있는 주제에 대해서도 윤리교육이 이루어져야 한다고 생각한다.

　신학대학원생들은 목사로서 활동하는 와중에 자주 겪게 되는 법 위반의 문제들, 또는 최근 들어 많이 발생하고 있는 윤리적 문제들, 예를 들면 교회 재정을 개인적인 목적으로 사용하는 문제, 금권선거의 문제, 교회 신도와의 관계에서의 성윤리 문제 등에 대해서 교육을 받을 필요가 있는 것이다. 왜냐하면 신학대학원이 목사라는 직업을 가진 사람들을 양성하는 기관인 이상, 신학대학원은 목사와 관련된 직업윤리를 교육하여야 하는 것이고, 그러한 직업윤리 교육은 목사라는 직업 수행과정에서 특히 문제될 수 있는 상황에 대한 윤리적 대처법을 중심으로 하여야 하기 때문이다.

　앞서 총신대학교 신학대학원의 기독교 윤리 강좌에서 다뤄지는 종교다원주의, 사형제도, 낙태, 안락사, 동성애, 이혼 등의 문제는 이미 법적으로 일정 부분 허용된 것에 대해 기독교적으로 어떻게 바라봐야 하는지에 대해서 초점을 맞출 것으로 예상되는데, 사실 이는 목사들의 개인적인 문제라기보다는 사회적인 문제에 가깝다. 물론, 낙태나 안락사, 동성애, 이혼 등의 문제는 목사들이 개인적으로도 맞부딪힐 수 있는 문제라는 점에서 개인적인 문제가 될 수도 있다.

　그러나 낙태, 안락사, 동성애, 이혼 등은 이미 법적으로 일정 부분 허용되고 있기에, 만약 어떤 목사가 그러한 행위를 하게 된다 한들, 그것이 법이 허용한 한도 내에서 이루어진다면, 그것은 (법을 뛰어 넘는 성경적 원리에 근거하여) 기독교 내에서 비난을 받을 수는 있을지언정, 일반 사회에서 비윤리적이라는 비난을 크게 받지는 않을 것이다.

또한 이러한 문제들은 관점의 차이에 따라 이견이 있을 수 있는 주제들에 해당되기도 한다. 만약 어느 그리스도인이 "비록 일정한 기준하에 낙태나 안락사가 법적으로 허용되고 있기는 하나, 나는 성경적 원리에 근거하여 낙태와 안락사가 절대적으로 금지되어야 한다고 생각한다"라고 주장한다면, 이에 대해서 비그리스도인들은 생각하는 관점에 차이가 있음을 받아들이고, 그러한 주장을 하는 그리스도인을 비합리적이라고 비난할지언정 비윤리적이라고 비난하지는 않을 것이다.

그러나 교회 재정을 개인적인 목적으로 사용하는 문제, 금권선거의 문제, 교회 신도와의 관계에서의 성윤리 문제 등과 관련하여서는 달리 볼 필요가 있다. 만약 어느 그리스도인이 "비록 어떤 조직의 공적 재정을 개인적으로 사용하는 것이 법적으로 금지되어 있기는 하나, 나는 교회에서는 공적 재정의 개인적 사용이 허용되어야 한다고 생각한다"고 주장하거나, 혹은 "비록 일반 사회에서 금권선거가 위법하고 비윤리적인 것으로 받아들여지기는 하나, 나는 목회자와 관련하여서는 금권선거가 허용되어야 한다고 생각한다"고 주장한다면, 이에 대해서 비그리스도인들은 즉각 그러한 주장을 하는 그리스도인을 비윤리적이라고 비난할 것이다. 이는 그리스도인이나 비그리스도인이나 동일한 기준이 적용되는 영역이어서 관점의 차이로는 설명될 수 없기 때문이다.

만약 어떤 그리스도인이 위와 같이 주장하는 데 그치지 않고 실제로 그러한 행위를 한다면, 그에 대한 일반 사회의 비난은 말할 수 없이 클 것이다.

나는 신학대학원생들이 위와 같이 한국 교회에서 특히 문제되는 주제들에 대한 윤리교육을 받음으로써 전도사로서 혹은 목사로서 활동하는 과정에서 구체적인 문제에 부딪혔을 때, 그것에 대해 문제 의식을 가질 수 있고 더 나아가 법 위반을 피하는 방향으로 행동할 수 있게 될 것이라고 생각한다.

이와 관련하여 실제로 최근 들어 신학대학원에서 성윤리 교육이 강화되어야 한다는 주장도 대두되고 있다.[113] 이러한 주장의 근저에는 최근에 목회자들의 성범죄가 다수 발생하고 있는 현실이 깔려 있다. 이에 대해 영남대 신학대학교의 김승호 교수는 목회자의 성범죄율이 높은 이유로 신학대학원에서의 성윤리 교육의 부재, 목회자와 교인 사이의 권위의 차이, 목회자 개인의 정서적 문제 등을 꼽고 있기도 하다.[114]

최근의 조사에 따르면 2016년 교과과정을 기준으로 전국의 31개 신학대학원 중 성윤리 관련 강좌나 여성학 강좌가 개설되어 있는 학교는 11개에 불과하다고 한다.[115] 비단 성윤리뿐만 아니라, 한국 교회가 직면하고 있는 여타 문제들에 대해서도 마찬가지로 직업 윤리 교육이 강화되어야 할 것이다.

목사들에 대한 직업 윤리교육의 강화

목사들에 대한 직업 윤리교육을 강화하기 위해서는, 각 교단은 목사들로 하여금 변호사와 마찬가지로 매년 일정한 윤리교육을 의무적으로 수강하도록 하는 제도를 둘 필요성도 있을 것이다. 한국 사회의 윤리적 기준은 시간이 지남에 따라 지속적으로 강화되고 있고, 그와 관련하여 여러 교회들의 법 위반 문제가 계속해서 등장하고 있는 상황에서 신학대학원 때의 윤리 교육만으로는 변해가는 현실에 제대로 대응하기 어려울 수 있다.

목사들이 도덕적이기 때문에 윤리 교육은 필요 없다는 논리는 더 이상 합리적으로 받아들여져서는 안 된다. 그런 논리라면 법을 가장 잘 아는 변호사들에게 의무적인 윤리 교육 수강 의무가 부과되는 것이 설명되기 어려울 것이다. 오히려 높은 도덕적 기준이 요구되는 목사들이기 때문에 더더욱 윤리 교육이 필요하다는 논리가 합리적으로 받아들여져야 한다.

(2) **법 위반에 대해 민감해져야 한다**

법 위반과 관련된 상황에서의 단호한 거절

그리스도인들은 법 위반 여부에 대해 민감하게 반응할 필요가 있다. 보통의 사람은 살아가면서 큰 범죄를 저지르지 않는다. 불법유턴이나 신호 위반 등의 경미한 법 위반을 저지를 수는 있어도 살인, 사기, 강도와 같은 범죄를 저지르는 경우는 극히 소수인 것이다. 그렇기 때문에 큰 범죄를 저지르지 않은 사람은 평상시의 삶에서 부딪힐 수 있는 법 위반과 관련된 상황에서 민감하게 반응하지 않을 수 있다.

지금까지 별 탈 없이 살아왔기 때문에 사소한 문제들에 대해 굳이 민감하게 반응할 필요가 있느냐는 인식이 자리잡힌 탓일 것이다. 그리고 이러한 생각은 사실 대부분의 경우에 타당하기도 하다. 보통의 사람들은 경미한 법률 위반에는 무디게 반응하면서도 중대한 법률 위반에는 민감하게 반응할 것이기 때문이다.

그렇다면 이러한 논리가 그리스도인들에게도 똑같이 적용될 수 있는가? 나는 그렇지 않다고 본다. 법률의 위반이 성경적 의미의 죄에 해당되는 이상, 그러한 법률 위반이 경미하든 중대하든 궁극적으로는 하나님의 명령에 어긋난다는 점에서는 차이가 없다. 따라서 **그리스도인이라면 사소한 법률 위반에 대해서도 민감하게 반응해야 하는 것이다.**

더불어 그리스도인들은 언제 어디서 중대한 법률 위반의 상황에 놓이게 될지 알 수 없다는 점을 명심해야 한다. 우리는 뉴스에서 간혹 형사처벌의 대상이 되는 사람들 중에 대기업 경영진이거나 고위 공무원들이 많이 포함된다고 해서 일반인인 우리에게는 해당사항이 없다고 생각해서는 안 된다. 평범하게 회사를 다니는 그리스도인에게도 어느 날 갑자기 그러한 상황이 발생할 수 있는 것이다.

예를 들어 보자. 만약 어떤 제품을 제조하여 납품하는 회사가 있는데, 이러한 제품의 품질을 감독하는 공공기관이 어느 날 갑자기 이

전에는 요청하지 않았던 품질기준의 준수를 요구하며 외부기관에서 엄격한 시험을 거친 후에 증명서를 제출하라고 하였다고 가정하자.

직장 상사가 품질관리 담당자인 '나'에게 납품 기한이 임박하여 어쩔 수 없으니 품질증명서를 진짜처럼 위조하여 만들라고 하면 어떻게 할 것인가? 별 문제 안 될 것이고 관행처럼 이루어지는 것이니 그렇게 해도 된다는 직장 상사의 말을 믿고 품질증명서를 위조할 것인가?

또 다른 예를 들어보자. 만약 어떤 제품을 제조하여 납품하는 회사가 있는데, '나'는 이를 여러 회사에 홍보하는 영업사원이라고 가정하자. 영업사원이기 때문에 외부 식당에서 법인카드를 사용할 수 있는 폭넓은 권한이 부여된 상황에서, '나'는 개인적 목적을 위해 법인카드를 사용하고 싶은 유혹을 어떻게 이겨낼 것인가?

앞서 언급했던 사례를 다시 돌이켜보자. 만약 연말정산 시기에 어느 교인이 목사에게 "300만 원을 헌금했는데 500만 원으로 올려서 기부금 영수증을 발급해 달라"고 요청했을 때, 목사는 '좋은 게 좋은 거지'라는 심정으로, 혹은 '딱 잘라 거절하면 감정이 상할 우려가 있으니'라는 심정으로, 그 요청을 들어주어서는 결코 안 될 것이다. 설령 그로 인해 해당 교인이 '왜 이렇게 빡빡하게 그러세요?'라는 식의 반응을 보인다고 해도 마찬가지이다. 만약 해당 교인의 요구를 들어준다면 이는 교회 안에서의 불법행위를 용인하고 심지어 이를 돕는 것이 되고 말 것이다.

또 다른 에피소드가 있다. 나는 몇 년 전에 어떤 목사가 다음과 같은 우스갯소리를 하는 것을 들은 적이 있다.

"요새는 교회 차량에 교회 이름을 붙이면 안 돼. 나부터 엄청 교통법규를 위반하는데…."

그 말을 들었을 때 나는 우리가 거꾸로 가고 있는 게 아닌가 싶었다. 오히려 교회 이름을 붙이고서 교통 법규를 온전히 지키고 여러 양보를 할 때 그리스도인으로서 구별된 삶을 살게 될 것인데, 우리는 오히려 우리 자신이 법 위반에 둔감해지도록 하는 방향으로 가고 있는 것이다.

나는 대학시절에 제복을 입고 외출을 하기 전에 항상 선배들로부터 복장 검사를 받았다. 그때 자주 들었던 말이 "너희들은 제복을 입고 있는 한, 한 사람 한 사람이 우리 대학을 대표한다는 것을 잊지 말아라"라는 것이었다. 즉, 내가 제복을 입고 밖에 나가서 무언가 실수를 한다면, 그 모습을 본 사람은 내가 소속된 학교 전체에 대해서 부정적인 인식을 갖게 된다는 것이다.

그렇다면 그리스도인은 어떨까? 그리스도인 역시 각 사람이 기독교를 대표한다는 생각을 품을 필요가 있지 않을까 한다. 조금 재밌는 상상이기는 하지만, 그리스도인들만 입는 제복이 있다면 어떨까? 사실 천주교의 신부, 수녀, 스님들은 특유한 복장으로 인해 행동거지에 더욱 조심하는 경향이 있을 것이다. 우리는 교회 차량에서 교회 이름이 쓰인 스티커를 떼어낼 것이 아니라 더 크게, 더 선명하게 붙여져 있도록 애써야 하는 것이 아닐까?

발각되지 않을 것 같은 상황에서의 법 준수

법 위반과 관련해서 특히 민감해질 필요가 있는 경우가 있다. 그것은 바로 '발각되지 않을 것 같은 경우'이다. 이와 관련해서 기업에서 다루는 법률 리스크의 유형을 살펴보자. 이러한 법률 리스크는 다음과 같이 크게 4가지 경우로 나누어질 수 있다.

① 발각될 위험이 높고 발각 시 처벌의 정도도 강한 경우
② 발각될 위험이 높으나 발각 시 처벌의 정도는 약한 경우
③ 발각될 위험이 낮으나 발각 시 처벌의 정도가 강한 경우
④ 발각될 위험이 낮고 발각 시 처벌의 정도도 약한 경우

사실 기업 입장에서 가장 민감하게 반응해야 하는 경우가 바로 세 번째 경우일 것이다. 왜냐하면 세 번째 경우는 발각될 가능성이 낮으므로 기업의 경영진으로서도 그냥 넘어가고 싶은 유혹에 빠질 수 있고, 더불어 발각 시 처벌이 강하다는 것은 그만큼 불법으로 인한 이득이 클 가능성이 있다는 것을 뜻하는데, 그렇다면 경영진은 그러한 불법행위를 저지르고자 하는 강한 충동을 느낄 수 있기 때문이다.

이와 관련하여 《우리, 결혼했어요!》의 저자로 유명한 박수웅 장로가 그의 책에서 전하는 첫째 아들의 사례는 그리스도인들이 발각되지 않을 것 같은 상황에서 어떠한 태도를 취해야 하는지에 대해서 좋은 본보기를 제공해 준다.

당시 형진이(박수웅 장로의 첫째 아들_저자 주)는 결혼 후 얼바인이란 도시에서 신혼살림을 차렸는데, 전도사란 직업상 살림이 가난할 수밖에 없었습니다. 그런데 마침 시에서 저소득층 사람들의 주택 마련을 위해 5만 불을 지원해 주는 제도가 생겨났습니다. 한국식으로 치자면 영구 임대 아파트 개념과 비슷합니다. 시에서 5만 불을 지원받아 집 한 채를 사고 그곳에서 사는 동안에는 세금 한 푼 안 내고 내 집처럼 살 수 있는 조건이었습니다…(중략)…형진이가 저소득층에 해당되었기 때문에 우리는 그 제도를 보며 매우 기뻐했습니다.

그런데 1주일 후 찾아온 큰 아들은 이렇게 말했습니다. "아빠, 그 돈 못 받게 됐어요." 당연히 받게 될 거라 여겼던 우리는 깜짝 놀라 물었습니다…(중략)…제 물음에 아들이 자초지종을 설명합니다.

"제가 받는 사례비만 계산하면 당연히 저소득층에 해당되요. 근데 아내가 가끔씩 이웃의 부탁을 받고 가정교사를 했잖아요. 그렇게 해서 받았던 돈 20불, 30불, 50불씩을 모아 계산해 보니 저소득층 1년 수입의 커트라인보다 2천 불(2백만 원) 정도가 더 되더라고요. 그래서 우린 자격이 없다고 시에 보고했어요."…(중략)…누가 보든 안 보든 하나님 앞에서 정직하고 투명하게 살아가는 아들의 모습이야말로 저에게 없는 인터그리티한 모습임을 깨달았기 때문입니다.[116]

사실 위와 같은 사례에서는, 나와 내 가족의 입단속만 잘하면 경제적으로 큰 이득을 볼 수 있기 때문에 어떤 그리스도인이든지 유혹에 빠질 수 있을 것이다. **발각될 가능성이 매우 낮은 상황에서조차 스스로 법을 준수하는 길을 택하는 그리스도인은, 세상과는 명**

확히 구별되는 존재요, 과정 지향적인 성경의 원리를 충실히 따르는 존재라고 생각된다. 우리 모두가 본받아야 할 것이다.

위법이 문제되는 상황에서 필요한 3단계의 생각

따라서 우리는 위법이 문제되는 상황에서 한 번 더 깊이 있게 생각해 볼 필요가 있다. 그리스도인들이 '아, 이 순간에 다른 사람들처럼 행동하게 되면 법 위반의 길로 갈 수 있겠구나. 하나님 앞에서 죄를 범하게 되고 주위에도 덕이 되지 않겠구나'라는 문제의식을 갖게 된다면, 일단 1단계는 성공이라고 생각한다.

2단계로서, 우리는 설령 발각될 위험이 낮다고 하더라도 위법행위로 나아갈 것인지에 대해 고민해야 한다. 예를 들어, 앞서 언급했던 기부금 영수증의 허위 발급과 관련해서, 비록 발급한 사람과 발급받은 사람만 침묵하면 그러한 행위가 발각될 가능성이 희박하다고 하더라도 그리스도인들로서는 바로 이러한 상황이 가장 큰 유혹의 순간이자 위기의 순간임을 직시하고 법을 지키는 방향으로 나아가야 하는 것이다.

마지막으로, 우리에게 필요한 3단계는 내가 손해 보는 상황까지도 감수할 수 있는지에 대한 고민이다. 남들이 하는 것처럼 "어쩔 수 없지" 또는 "남도 잘 안 지키는데" 하고 넘어갈 것인지, 아니면 이러한 순간일수록 더욱 손해 보는 길을 택하여 세상에서 그리스도인으로서 구별되는 모습을 보일지는 각자의 선택에 달린 문제이다. 이런 상황일수록 우리는 정말로 '어쩔 수 없는 상황'인지 깊이 있게 고민해 보는 것이 필요할 것이다.

예수님께서는 제자들에게 "아무든지 나를 따르려면 자기를 부인하고 날마다 자기 십자가를 지고 따라야 한다"(눅 9:23)고 말씀하셨다. 자기를 부인하는 것에는 비단, 나의 욕심이나 계획을 내려놓는 것뿐만 아니라 세상에서의 성공을 위해 법을 어기고자 하는 유혹을 이겨내는 것 또한 포함된다고 생각된다. 따라서 예수님의 말씀대로라면 그리스도인은 매일같이(날마다) 죽을 각오로(제 십자가를 지고) 법을 어기고자 하는 유혹을 이겨내야 하는 것이다(자기를 부인하고).

(3) 공정한 절차의 준수를 통해 세상과 구별될 수 있음을 인식해야 한다

준법을 통한 공정성의 확보는 하나의 시대적 트렌드이다. 지난 2016년 9월에 시행된 부정청탁 및 금품 등 수수의 금지에 관한 법률(이른바 '김영란법', 이하 '청탁금지법')은 한국 사회가 일반 국민들에게 요구하는 준법의 수준이 점차적으로 높아짐을 보여 준 하나의 사례라고 할 것이다.

청탁금지법은 일반 국민이 공적 업무에 있어서 편의를 얻기 위해 부정한 청탁을 하는 것 자체를 금지하고(청탁금지법 제5조 제1항), 또한 대가 관계가 없더라도, 그리고 직무와의 관련성이 없더라도 공무원에게 일정 금액 이상의 금품을 건네는 것을 금지한다(청탁금지법 제8조 제1항, 제5항).

청탁금지법이 시행되기 전에는, 일반 국민이 공무원에게 금품을 주더라도 그것이 어떤 부당한 편의를 얻기 위한 대가이고, 또한 해당 공무원의 직무와 관련이 있다는 점이 증명되어야만 뇌물죄로 처벌이 될 수 있었고, 그것이 증명되지 않는 이상 공무원에게 큰 돈을 지급하더라도 처벌되지 않았다. 그런데 이제는 대가성과 직무관련성 없이도 금품 수수를 금지하는 방향으로 시대의 트렌드가 변화된 것이다.

기업들은 어떠한가? 2012년에 시행된 개정 상법(법률 제10600호)은 자산 총액이 5,000억 원 이상인 상장회사들로 하여금 변호사, 법학교수 등의 경력을 가진 사람을 준법지원인으로 고용하도록 의무화하였다(상법 제542조의13 제2항, 제5항, 상법 시행령 제39조). 이러한 준법지원인의 역할은 회사 내의 위법행위를 예방하고 또한 감시하는 것이다(상법 제542조의13 제1항, 제3항). 최근 들어서는 이러한 준법지원인 제도를 더 많은 기업들에게 적용해야 한다는 목소리도 나오고 있는 상황이다.[117]

또한 기업들 스스로도 준법 경영의 중요성을 인지하고 많은 기업들이 '준법경영팀'을 신설하고 있다. 사실 예전에 기업 '법무팀'의 역할은 사고가 발생된 이후에 그 '뒤처리'를 하는 데 초점이 맞춰져 있었다. 만약 회사가 다른 회사와 분쟁이 생겼다면, 그것을 협상 또는 소송을 통해 해결하는 것이 주된 역할이었던 것이다.

그러나 '준법경영팀'의 역할은 그와 다르다. 준법경영팀은 말 그대로 준법경영과 관련된 업무를 담당하는 부서로 위 준법지원인 제도의 취지와 유사하게 각종 위법행위를 '예방'하는 데 목적이 있다. 과거 법무팀이 담당하던 사후 처리의 역할이 아니라 사전 예방의 역할을 담당하는 것이다. 이러한 준법경영팀은 회사가 기업 활동 과정에서 위법행위 또는 불공정거래행위가 발생되지 않도록 감시하고, 또한 이와 관련하여 직원들을 지속적으로 교육하기도 한다.

이에 반해 한국 교회에서 준법정신이 강조되고 있다는 얘기는 잘 들리지 않는 것 같다. 그리스도인들이 "교회 다니는 사람들이 설마 그럴 리가 있겠어", "교회는 법 없이도 살 사람들이 모이는 곳이야", "교회는 법보다 더 높은 성경적 원리에 의해 통치되는 곳이야"라고 말하며 준법을 외면하기에는, 교회의 위법행위와 관련하여 뉴스에 오르는 기사들이 너무 많다.

나는 교회가 일반 사회보다 훨씬 더 엄격한 도덕적 기준을 따라야 한다고 생각하고, 이에 대해서는 대부분의 그리스도인들도 동의할 것이다. 그런데 도덕적인 삶은 추상적으로 '도덕적으로 삽시다'라고 외쳐서는 이루어지기 어렵다. 오히려 이는 구체적인 현실의 문제들에 대해서 성경적으로 어떻게 접근해야 하는지 고민하고 또한 이에 대해서 민감하게 반응하는 과정에서 이루어질 수 있다고 생각된다.

그리스도인들이 아무리 준법을 강조해도 이로써는 세상과 구별될 수 없다고 생각하는 사람이 있을지도 모른다. 왜냐하면 준법이 이미 시대적 트렌드가 되었기 때문이다. 그러나 **나는 여전히 준법을 강조하고 또한 이를 실천함으로써 그리스도인들이 세상과 구별될 수 있는 충분한 기회가 남아 있다고 생각한다**. 그것은 준법이 시대적 트렌드이면서도 동시에 여전히 많은 노력이 필요한 시대적 과제이기 때문이기도 하다.

교회 내의 절차 규정이 됐든, 교회 밖의 법률이 됐든, 우리는 공정한 절차를 준수함으로써 세상과 구별되어 선하시고 기뻐하시고 온전하신 하나님의 뜻을 드러낼 수 있으리라 확신한다.

(4) 구체적인 상황에서의 행동 방안

앞서 위법과 관련된 상황에서 요구되는 3단계의 생각은 그리스도인들이 개인적으로 행동할 때 적용될 수 있는 방안이다. 그런데 그리스도인이 하나의 조직 내에 속해 있어서 개인의 생각만을 일방적으로 관철시킬 수 없는 경우에는 어떻게 해야 하는가?

구체적인 예로, 앞서 언급했던 사례를 떠올려 보자. 만약 어떤 제품을 제조하여 납품하는 회사가 있는데, 이러한 제품의 품질을 감독하는 공공기관이 어느 날 갑자기 이전에는 요청하지 않았던 품질기준의 준수를 요구하며 외부기관에서 엄격한 시험을 거친 후에 증명서를 제출하라고 하여, 직장 상사가 품질관리 담당자인 나에게 납품 기한이 임박하여 어쩔 수 없으니 품질증명서를 진짜처럼 위조하여 만들라고 하면 어떻게 할 것인가?

이러한 상황의 경우 개인이 행동할 수 있는 경우의 수는 여러 가지가 있는데, 첫째로, 그 일을 지시된 대로 적극적으로 수행하는 방법, 둘째로, 그 일을 지시된 대로 수행하되 소극적으로 수행하는 방법, 셋째로, 그 일의 수행을 직접적으로 거부하는 의사를 표현하는 방법, 넷째로, 그 일의 수행을 직접적으로 거부하지는 않고 다른 이유를 들어 그 일에서 빠지고 싶다는 의사를 표현하는 방법, 다섯째로, 그 일을 거부하고 그 회사에서 퇴사하는 방법 등을 들 수 있다.

가장 이상적으로는 세 번째와 네 번째 방법이 적절하겠지만, 이 경우에서 그리스도인들이 고민하게 되는 것은, 만약 일의 수행을 거부할 경우 그 회사에서 안 좋은 인사 평가를 받게 되고, 나아가 승진에서 누락되며 결국에는 퇴사 압력을 받을 수도 있는 상황일 것이다. 아무리 그리스도인이라 한들 현실적으로 직장을 손쉽게 옮기는 것이 어려운 상황에서 "퇴사를 각오하더라도 위법한 행위에 대한 지시를 거부하라"고 대책 없이 조언하는 것은 현실을 외면하는 처사일 것이다.

만약 여러 가지 사정으로 그러한 일의 수행을 쉽사리 회피할 수 없다면, 이러한 상황에서 내가 제안할 수 있는 대응 방안은 다음과 같다.

첫째, 그러한 상황에서 위법한 방식이 아닌 적법한 방식으로도 동등한 결과를 얻는 것이 가능한지 세밀하게 검토해 볼 필요가 있다. 이 방안은 어찌 보면 엉뚱한 것으로 들릴 수도 있다. 왜냐하면 애초에 적법한 방식이 있었다면 위법한 방식을 사용할 리가 없을 것이기 때문이다.

하지만 경우에 따라서는 직장 상사가 대략적으로만 검토한 뒤 적법한 방식이 없다고 판단하여 곧바로 위법한 방식으로 나아가는 경우도 있을 수 있다. 따라서 그러한 지시를 받은 그리스도인으로서는 혹시라도 적법한 방식이 있을지 '대략적으로'가 아닌 '세밀하고 철저하게' 검토해 보는 것이 필요할 것이다. 만약 적법한 방식을 발견했으나 그로 인해서는 위법한 방식에 의해 획득될 수 있는 성과에 못 미치는 결과가 획득될 것으로 예상되는 경우에는, 위법한 방식의 사용으로 인한 문제점과 그로 인한 향후의 리스크를 근거로 비록 부족한 결과치가 예상되나, 적법한 방식을 선택하는 것이 더 회사에 이롭다는 논리로 상사를 설득하는 것이 필요할 것이다.

둘째, 위법한 방식의 사용이 향후에 발각될 가능성이 높고, 또한 발각되는 경우 회사에 큰 손해가 발생할 수 있다는 점을 근거로 상사를 설득할 필요가 있다. 앞에서 언급했지만, 기업이 가장 유혹에 빠지기 쉬운 경우가 바로 발각될 가능성이 낮다고 생각되는 경우이다. 하지만 그러한 경우에는 발각됨으로써 얻게 되는 손실이 매우 큰 경우가 많다. 따라서 우선은 다른 회사의 사례들을 리서치하여 추진하고자 하는 위법한 행위의 발각 가능성이 낮다는 상사의 인식을 바꾸도록 하는 것이 필요하고, 나아가 설령 발각 가능성이 낮다고 하더라도 만에 하나 발각되는 경우에는 그로 인해 회사에 미칠 손실을 객관적으로 산정하여 제시하는 것도 필요할 것이다.

만약 그러한 기업에 사내 법무팀이 있는 경우, 지시를 받은 그리스도인은 법무팀에 법적 리스크가 있는지에 대한 검토를 의뢰할 것을 상사에게 요청할 수 있고, 만약 법적 리스크가 있는 것으로 결과가 나온다면 이를 근거로 위법한 행위를 하지 말아야 한다고 상사를 설득할 수도 있을 것이다.

위에서 말한 두 가지 방안이 모두 통하지 않는 경우는 어떻게 하는가? 예를 들어, 발각될 가능성이 낮고 혹시 발각되더라도 처벌의 정도가 약하다는 이유로, 직장 상사가 잘 설득되지 않는 경우에는 어떻게 해야 하는가? 이 경우에는 그리스도인으로서의 믿음 외에는 의지할 곳이 없을 것이고, 각 그리스도인은 어떻게든 그러한 일을 수행하는 데서 벗어나야 할 것이다. 그것이 결과적으로 낮은 인사평가, 승진 누락, 해고 등으로 이어질 수도 있을 것인데, 그러한 결과에 대해서는 하나님께 맡기는 수밖에 없을 것이다.

존 비비어 역시 지도자가 우리에게 죄를 지으라고 하는 순간이 유일하게 권위에 순종하지 말아야 할 경우라고 하였고,[118] 나아가 자신이 불법을 돕고 있는 것은 아닌지 주의해야 함을 다음과 같이 강조하였다.

> 믿는 사람은 자기가 지금 불법이 영향을 미치도록 돕고 있는지, 아니면 그 영향을 억제하고 있는지 물어야 한다. 그 세력을 돕고 있다면 하나님이 아니라 사탄의 원리(거역)를 따라 일하는 것이다.[119]

페르시아 제국의 왕에 의해 몰살당할 위기에 처해 있던 유대민족을 두고, 에스더의 사촌 모르드개는 페르시아 제국의 왕비인 에스더에게 왕에게 나아가 유대민족을 구해달라고 간청할 것을 요청했다(에 4:8). 그런데 에스더가 왕의 부름 없이 왕 앞에 나아갔다가는 죽임을 당할 것이라며 왕 앞에 나서기를 주저하자 모르드개는 다음과 같이 외쳤다.

"네가 이때를 위해 왕비의 자리에 오르게 됐는지 누가 알겠느냐?"
(에 4:14)

어쩌면 위법한 지시를 받은 그리스도인에게도, 이 회사에서 이 자리에 있게 된 것이 바로 이때를 위함이 아니겠느냐라는 담대한 용기가 필요할는지 모른다.

혹자는 위 방안들에 대해 그 정도까지 노력할 필요가 있느냐고 반문할 수도 있다. 그런데 어떤 기업이나 조직이 위법한 행위를 하려고 작정하는 경우는 자주 일어나지 않을 것이고, 그럼에도 불구하고 그러한 상황이 발생된다면, 이는 그 기업이나 조직의 차원에서도 중요한 일과 관련되었을 가능성이 높을 것이다. 그렇다면 개인으로서도 그러한 조직 차원의 중요성을 고려하여, 또한 그러한 상황이 나에게 큰 위기가 될 수 있음을 고려하여, 위법한 행위를 피하기 위해 평소보다 더한 최선의 노력을 기울이는 것이 필요할 것이다.

07

글을 마치며:

한국 교회의 신뢰 회복을 향하여

그리스도인들이 과정 지향적으로 사느냐, 아니면 결과 지향적으로 사느냐의 문제는 그리스도인들이 일반 국민들로부터 받는 신뢰에 큰 영향을 미치는 문제이다. 그리고 개신교에 대한 일반 국민들의 신뢰는 복음의 전파와도 밀접한 관련이 있다.

앞서의 아브라함의 순종, 사드락·메삭·아벳느고의 순종, 욥의 순종, 달란트의 비유, 포도원 일꾼의 비유를 보면, 하나님은 그리스도인들이 세속적인 복을 받기 위한 목적에서 하나님의 명령에 순종하는 것을 바라시지 않는 것 같다.

하나님께서 그리스도인들에게 원하시는 것은 순종의 결과 현세에서 복을 받게 될지 여부를 떠나 하나님의 명령에 순종하는 그 과정 자체인 것이다. 따라서 그리스도인들은 현세에서의 물질적인 보상을 순종의 대가 내지 목적으로 삼아서는 결코 안 될 것이다. 나아가 이러한 원리에 따라, 그리스도인들은 일상적인 삶을 살아갈 때, 결과보다는 과정에 단 1%라도 더 큰 비중을 두어야 할 것이다.

그러나 한국의 그리스도인들은 여러 가지 면에서 결과 지향적인 신앙의 모습을 보이고 있는데, 이는 목적 달성을 위한 기도를 하는 것, 사회적으로 높은 지위를 얻으라고 가르치는 것, 법률 위반 등 공정한 절차를 훼손하는 것 등을 포함한다.

이러한 결과 지향적인 신앙의 결과, 그리스도인들은 세속적인 성공을 신앙보다 우선순위에 두게 되고, 목적했던 결과의 성취 여부에 따라 신앙의 근간이 크게 흔들릴 수 있으며, 목적 달성을 위해 세상적인 권력을 가까이하는 권력 지향적인 특성을 가질 수 있고, 나아가 겉으로 드러난 세속적인 성공이 타인에 대한 평가의 기준이 되어 타인에 대한 우월감을 정당화할 수 있으며, 마지막으로 공정한 절차를 훼손함으로써 범법자라는 낙인이 찍힐 수 있다.

이러한 결과 지향적인 신앙은 개개인의 신앙을 성경적 원리에 반하는 방향으로 인도하는 데 그치지 않고, 전체 개신교의 신뢰도를 저하시킨다는 점에서 심각한 문제가 아닐 수 없다.

따라서 그리스도인들은 이러한 문제점과 심각성을 인식하고, 목적 달성을 위한 기도가 아닌 과정 지향적인 기도를 하기 위해 노력해야 하며, 교회에서는 삶의 과정에서의 충성을 강조하는 가르침이 이루어져야 하고, 나아가 각 그리스도인은 법률 준수 등 공정한 절차를 따르는 삶을 살기 위해 최선을 다해야 할 것이다.

여러 가지 문제점들 중 특히 법 위반의 문제는 개신교의 신뢰도 저하에 가장 큰 영향을 미치는 문제로 생각된다. 따라서 각 그리스도인은 첫째, 법 위반이 성경적 의미의 죄에 해당됨을 인식하고, 둘째, 법 위반 여부에 대해 민감하게 반응하며, 셋째, 공정한 절차를 준수함으로써 세상과 구별될 수 있음을 인식하고, 넷째, 법 위반이 문제되는 상황이 오거든 최선을 다해서 법을 지키는 방향으로 유도하고, 그것이 안 될 경우에는 위법행위의 이행을 거부할 수 있는 용기를 가져야 할 것이다.

이와 관련하여 신학대학원은 교회 재정의 사적인 사용 문제, 금권선거 문제, 성윤리 문제 등 최근에 한국 교회가 직면하고 있는 문제들에 대한 직업윤리 교육을 강화하는 것이 필요하며, 나아가 각 교단은 목회자들에 대한 정기적인 윤리 교육의 의무화도 고려할 필요가 있을 것이다.

위와 같은 과정 지향적인 신앙을 지속적으로 실천한다면, 머지않아 개신교와 각 그리스도인에 대한 일반 국민의 신뢰가 회복될 날이 곧 도래할 것이라 믿는다.

참고문헌

단행본

* 김동호,《깨끗한 부자》, 규장문화사, 2002.
* 김두식,《교회 속의 세상, 세상 속의 교회》, 홍성사, 2010.
* 김영봉,《바늘귀를 통과한 부자》, IVP, 2008.
* 김영봉,《사귐의 기도》, IVP, 2006.
* 도널드 크레이빌,《돈, 교회, 권력 그리고 하나님 나라》, 정영만 역, 요단출판사, 1999.
*《라이프 성경사전》, 생명의 말씀사, 2015.
* 박수웅,《우리 엄마 아빠 됐어요!》, 두란노, 2008.
* 박재환 외 15인,《현대 한국사회의 일상문화코드》, 도서출판 한울, 2007.
* 배정훈, "유대교 율법주의 연구를 통한 바울에 관한 새 관점의 비판적 이해", 〈장신논단〉 제49권 제1호, 장로회신학대학교 기독교사상과 문화연구원, 2017.
* 쇠렌 키르케고르,《두려움과 떨림: 변증법적 서정시》, 임규정 역, 지식을 만드는 지식, 2014.
* 손동희,《나의 아버지 손양원 목사》, 아가페 출판사, 1994.
* 안용준,《사랑의 원자탄》, 성광문화사, 2007.
* 얀 밀리치 로흐만,《살아 있는 유산》, 김원배·정미현 역, 한국기독교장로회 신학연구소, 1997.
* J. A. 모티어 외 45인,《IVP 성경주석》 개정판, 김순영 외 6인 역, 한국기독학생회출판부, 2015.
* 존 맥아더,《맥아더 성경주석》, 황영철 외 3인 역, 아바서원, 2015.

* 존 비비어, 《순종》, 윤종석 역, 두란노서원, 2010.
* 존 월튼 외 3인, 《IVP 성경배경주석》 개정판, 정옥배 외 7인 역, 한국기독학생회출판부, 2015.
* 《톰슨 IIII 성경주석》, 기독지혜사, 2016.

논문

* 기독교 윤리실천운동, "교단선거법 개정이 필요합니다 - 교단선거법 개정안 소개", 2014.
* 나이영, "한기총 금권선거 논란에서 '한국 교회연합' 출범까지", 〈기독교사상〉, 대한기독교서회, 2012.
* 류장현, "번영신학에 대한 신학적 비판", 〈신학논단〉 제61집, 연세대학교 신과대학, 2010.
* 류재룡, "개혁주의 관점에서 본 천국상급에 대한 연구", 총신대학교 박사학위 논문, 2005.
* 박상진, "입시에 대한 기독교 교육적 이해", 〈기독교교육논총〉 제18집, 한국기독교교육학회, 2008.
* 〈'신학대학원 성윤리 교육의 현실과 방향성' 포럼 자료집〉, 교회개혁실천연대, 2016.
* 장유정, "직업윤리교육의 내실화 방안 연구: 도덕과 교육을 중심으로", 서울대학교 박사학위 논문, 2016.
* 정병오, "입시문제가 청소년 선교에 미치는 영향", 〈기독교사상〉 통권 제467호, 대한기독교서회, 1997.
* 최호윤, "목회자 처우와 목회 활동비의 기준에 대한 실제적 접근", 〈목회자 처우, 공과 사의 구분이 가능한가〉, 교회재정건강성운동, 2015.
* 황민호, "전시통제기 조선총독부의 사상범 문제에 대한 인식과 통제", 〈사학연구〉 제79호, 한국사학회, 2005.

미주

1) 박재환, "현대 한국인의 생활원리", 박재환 외 15인, 《현대 한국사회의 일상문화코드》, 도서출판 한울, 2007, pp. 53-54.
2) 그리스도인은 '그리스도에게 속한'이란 뜻으로, 그리스도를 믿고 구세주로 고백한 자를 가리키는데(《라이프 성경사전》, 생명의 말씀사, 2015, p. 123), 이 책의 서술 목적상 나는 그리스도인을 내가 속한 개신교의 교인들만을 지칭하는 의미로 사용하고자 한다.
3) 김동호, 《깨끗한 부자》, 규장문화사, 2002, p. 114.
4) 연합뉴스, "종교 신뢰도 급락…천주교가 신뢰도 가장 높아", 2015년 10월 28일자(http://www.yonhapnews.co.kr/bulletin/2015/10/28/0200000000AKR20151028091200005.HTML, 2017년 5월 10일 최종검색), 국민일보, "한국 교회 '나부터 회개'하며 민족 위해 기도한다", 2017년 2월 23일자(http://news.kmib.co.kr/article/view.asp?arcid=0923699323&code=23111113&cp=nv, 2017년 4월 26일 최종검색).
5) 오마이뉴스, "스님·목사·신부도 직업윤리 있어야 살아남는다", 2009년 7월 31일자(http://www.ohmynews.com/NWS_Web/view/at_pg.aspx?CNTN_CD=A0001187598, 2017년 5월 1일 최종검색).
6) 조선일보, "신자 수, 개신교 1위…'종교 없다' 56%", 2016년 12월 20일자(http://news.chosun.com/site/data/html_dir/2016/12/20/2016122000155.html, 2017년 5월 10일 최종검색).
7) J. A. 모티어 외 45인, 《IVP 성경주석》 개정판, 김순영 외 6인 역, 한국기독학생회출판부, 2015, pp. 1581-1582.
8) 이에 대해서는 특히 이뉴스투데이의 기획 연재인 "기획/한국 교회 문제 진단" 중 ① "목회자 성범죄로 무너지는 한국 교회…부패 타락 극명, 개혁은 먼 길" ② "끊이지 않는 목회자 성범죄 & 책임지지 않는 교단, 해결은 누가?" ③ "성범죄로 얼룩진 한국 교회, '종교개

혁 500주년' 허울뿐"⑥ "물질숭배 '헌금 횡령' 목사들…돈이 하나님보다 높은가?"⑨ "누구나 목회자가 될 수 있다? 목회자 학력위조 문제 심각성 재조명" 등을 참조(https://enewstv.co.kr/news/articleView.html?idxno=1013732, 2017년 5월 10일 최종검색).

9) 네이버 국어사전(http://krdic.naver.com/).
10) 얀 밀리치 로흐만, "업적지향 사회에 있어서 의인론",《살아 있는 유산》, 김원배 정미현 역, 한국기독교장로회 신학연구소, 1997, p. 21.
11) 네이버 국어사전(http://krdic.naver.com/).
12) 연합뉴스, "'준법경영 강화하자', 법무부 '사내변호사 세미나' 개최", 2017년 4월 6일자(http://www.yonhapnews.co.kr/bulletin/2017/04/06/0200000000AKR20170406033200004.HTML?input=1195m, 2017년 4월 27일 최종검색), 한국경제, "준법경영 중시 풍토 확산되면 사내변호사 역할 더 커질 것", 2017년 4월 25일자(http://www.hankyung.com/news/app/newsview.php?aid=2017042569811, 2017년 4월 27일 최종검색).
13) 준법경영의 구체적인 설명에 대해서는, 동아비지니스리뷰, "시련에서 배운 지멘스 "준법은 기업의 핵심자산", 2011년 4월 참조(http://dbr.donga.com/article/view/1901/article_no/4150, 2017년 4월 27일 최종 검색).
14) 김동호, 앞의 책, p. 112.
15) 해당 대기업은 '최고지향'을 "끊임없는 열정과 도전정신으로 모든 면에서 세계 최고가 되기 위해 최선을 다한다"는 의미를 뜻하는 것으로 설명하고, '정도경영'을 "곧은 마음과 진실되고 바른 행동으로 명예와 품의를 지키며 모든 일에 있어서 항상 정도를 추구한다"는 의미를 뜻하는 것으로 설명하는데, 이러한 정도경영에는 준법경영이 포함될 것이다.
16) 《라이프 성경사전》, p. 668.
17) 존 비비어,《순종》, 윤종석 역, 두란노서원, 2010, pp. 74-75.
18) 《톰슨 IIII 성경주석》, 기독지혜사, 2016, p. 61.
19) 고대 근동에서는 소산의 일부를 신에게 바칠 때 아이를 제물로 바

치는 풍속이 있었던 것으로 보인다. 물론, 레위기 18장 21절 등에서는 그러한 행위를 금지하였으나, 그와 같은 금지규정이 있었다는 것 자체가 아이를 제물로 바치는 풍속이 존재하였음을 방증하는 것으로 보인다. 존 월튼 외 3인,《IVP 성경배경주석》개정판, 정옥배 외 7인 역, 한국기독학생회출판부, 2015, p. 75.

20) 쇠렌 키르케고르,《두려움과 떨림: 변증법적 서정시》, 임규정 역, 지식을 만드는 지식, 2014, p. 43.

21) 존 비비어, 앞의 책, p. 287.

22) 존 비비어, 앞의 책, p. 188.

23) 손동희,《나의 아버지 손양원 목사》, 아가페 출판사, 1994, pp. 84-89.

24) 안용준,《사랑의 원자탄》, 성광문화사, 2007, pp. 26-28.

25) 손동희, 앞의 책, pp. 170-171.

26) 鈴木敬夫,《法을 통한 朝鮮 植民地支配에 관한 硏究》, 고려대학교 민족문화연구소, 1989, pp. 232-233(황민호, "전시통제기 조선총독부의 사상범 문제에 대한 인식과 통제",《사학연구》제79호, 2005, p. 215에서 재인용).

27) 치안유지법(조선총독부법률 제54호, 1941. 5. 13. 시행) 제39조 제1항, 제55조 제1항(국가법령정보센터 홈페이지 참조, http://www.law.go.kr/%EB%B2%95%EB%A0%B9/%EC%B9%98%EC%95%88%EC%9C%A0%EC%A7%80%EB%B2%95/(19410513,00054,19410308)/%EC%A0%9C39%EC%A1%B0, 2017년 5월 15일 최종검색), 황민호, 앞의 논문, p. 241.

28) 손동희, 앞의 책, pp. 268-269.

29) 손동희, 앞의 책, pp. 298-302.

30) 손동희, 앞의 책, pp. 304-306, pp. 322-328.

31) J. A. 모티어 외 45인, 앞의 책, p. 619.

32) J. A. 모티어 외 45인, 앞의 책, p. 1289.

33) 존 맥아더,《맥아더 성경주석》, 황영철 외 3인 역, 아바서원, 2015, p. 981 마태복음 25장 23절에 대한 주석.

34) 얀 밀리치 로흐만, 앞의 책, p. 24.

35) J. A. 모티어 외 45인, 앞의 책, pp. 1289-1290, 《톰슨 IIII 성경주석》, 2079면.
36) 《톰슨 IIII 성경주석》, p. 2079.
37) 《톰슨 IIII 성경주석》, p. 2079.
38) 존 맥아더, 앞의 책, p. 1095 누가복음 19장 17절에 대한 주석.
39) 《톰슨 IIII 성경주석》, p. 2060.
40) J. A. 모티어 외 45인, 앞의 책, p. 1279.
41) 김동호, 앞의 책, pp. 110-111.
42) 류장현, "번영신학에 대한 신학적 비판", 《신학논단》 제61집, 연세대학교 신과대학, 2010, pp. 9-10.
43) 사도 바울은 A.D. 67년경 로마 인근에서 순교한 것으로 전해진다(라이프 성경사전, p. 412).
44) 베드로 역시 A.D. 67년경 순교한 것으로 전해진다(라이프 성경사전, p. 448).
45) J. A. 모티어 외 45인, 앞의 책, p. 621.
46) 류장현, 앞의 논문, p. 13.
47) 도널드 크레이빌, 《돈, 교회, 권력 그리고 하나님 나라》, 정영만 역, 요단출판사, 1999, pp. 328-329.
48) 존 비비어, 앞의 책, p. 235.
49) 류재룡, "개혁주의 관점에서 본 천국상급에 대한 연구", 총신대학교 박사학위 논문, 2005, p. 14.
50) 류재룡, 앞의 논문, pp. 298-299.
51) 예를 들어 김영봉, 《사귐의 기도》, IVP, 2006, pp. 107-112 참조.
52) 박상진, "입시에 대한 기독교 교육적 이해", 《기독교교육논총》 제18집, 한국기독교교육학회, 2008, p. 113.
53) 김두식, 《교회 속의 세상 세상 속의 교회》, 홍성사, 2010, pp. 37-38.
54) 레이디경향, 법륜 스님 "엄마가 행복해야 아이도 행복합니다", 2011년 12월호(http://lady.khan.co.kr/khlady.html?mode=view&code=4&artid=20111213

1746451&pt=nv, 2017. 3. 15. 최종 검색).

55) 뉴스앤조이, "성공주의 신학에 물든 목회자", 2014년 7월 15일자 (http://www.newsnjoy.or.kr/news/articleView.html?idxno=197121, 2017년 5월 17일 최종검색).

56) 문화일보, "'입시 기도'에서 욕심을 내려놓아라", 2007년 11월 19일자 (http://www.munhwa.com/news/view.html?no=2007111901032330073004, 2017년 5월 17일 최종검색).

57) 김두식, 앞의 책, p. 50.

58) 김영봉, 《바늘귀를 통과한 부자》, IVP, 2008, p. 169.

59) 박재환, "현대 한국인의 생활원리", 박재환 외 15인, 앞의 책, p. 55.

60) 얀 밀리치 로흐만, 앞의 책, p. 23.

61) 얀 밀리치 로흐만, 앞의 책, p. 24.

62) 정병오, "입시문제가 청소년 선교에 미치는 영향", 《기독교사상》 통권 제467호, 대한기독교서회, 1997, pp. 23-24.

63) 김영봉, 《바늘귀를 통과한 부자》, p. 166.

64) 도널드 크레이빌, 앞의 책, p. 314.

65) 존 비비어, 앞의 책, pp. 289-290.

66) 뉴스토마토, 〈韓銀 금융강좌〉 (16) "1953년 이후 우리 경제 모습은?", 2015년 2월 18일자(http://www.newstomato.com/ReadNews.aspx?no=536678, 2017년 5월 17일 최종검색).

67) 전자신문, "광복 70년, 미래 70년 경제발전 도약대로", 2015년 8월 13일 자(http://www.etnews.com/20150813000250, 2017년 5월 27일 최종검색).

68) 뉴스토마토, 〈韓銀 금융강좌〉 (16) "1953년 이후 우리 경제 모습은?", 2015년 2월 18일자(http://www.newstomato.com/ReadNews.aspx?no=536678, 2017년 5월 17일 최종검색).

69) 포커스뉴스, "2016년 1인당 국민소득 2만 7,561달러…GDP성장률 2.8%", 2017년 3월 28일자(http://www.focus.kr/view.php?key=201703 2800102557593, 2017년 5월 17일 최종검색).

70) JTBC 뉴스, "3만 달러 문턱서 '맴맴', 작년 1인당 국민소득 2만 7,561달러", 2017년 3월 28일자(http://news.jtbc.joins.com/article/article.aspx?news_id=NB11444783, 2017년 5월 27일 최종검색).

71) 서울신문, "[2015년 인구주택총조사…사상 처음으로 뒤바뀐 일상들] 개신교 〉 불교", 2016년 12월 19일자(http://www.seoul.co.kr/news/newsView.php?id=20161220002009&wlog_tag3=naver, 2017년 5월 19일 최종검색).

72) 노컷뉴스, "123만 명 늘어난 개신교 인구…정말 증가한 걸까?", 2017년 1월 5일자(http://www.nocutnews.co.kr/news/4712962, 2017년 5월 19일 최종검색), 노컷뉴스, [CBS주말교계뉴스] "종교인구 1위 개신교, 사회적 신뢰도는 꼴찌", 2017년 1월 6일자(http://www.nocutnews.co.kr/news/4713537, 2017년 5월 19일 최종검색), 국민일보, [미션 톡!] "통계청 종교인 조사 때 개신교와 이단 분리 요구해야", 2016년 12월 27일자(http://news.kmib.co.kr/article/view.asp?arcid=0923667784&code=23111633&cp=nv, 2017년 5월 19일 최종검색).

73) 도널드 크레이빌, 앞의 책, p. 311.

74) 김영봉, 《바늘귀를 통과한 부자》, p. 197.

75) 김영봉, 《바늘귀를 통과한 부자》, p. 173.

76) 도널드 크레이빌, 앞의 책, pp. 306-307.

77) 예를 들어, 연합뉴스, 2017년 3월 28일자, "'200만 원 빚 때문에'…시흥 원룸 살인범 '무시하는 말에 범행'"(http://www.yonhapnews.co.kr/bulletin/2017/03/28/0200000000AKR20170328060400061.HTML?input=1195m); MBN 뉴스, 2016년 10월 7일자, [김은혜의 사회 이슈] "날 무시해서 엽기 살인"(http://www.mbn.co.kr/pages/vod/programView.mbn?bcastSeqNo=1138027); 연합뉴스, 2016년 7월 4일자, "층간소음 살인 30대 '번번이 무시…배려 없어 화났다'"(http://www.yonhapnews.co.kr/bulletin/2016/07/04/0200000000AKR20160704028600061.HTML?input=1195m) 등(2017년 5월 12일 최종검색).

78) 김영봉, 《바늘귀를 통과한 부자》, p. 170.

79) 김영봉,《사귐의 기도》, p. 60.

80) 문화일보, "'입시기도'에서 욕심을 내려놓아라", 2007년 11월 19일자 (http://www.munhwa.com/news/view.html?no=2007111901032330073004, 2017년 5월 17일 최종검색).

81) 내일신문, "내가 흔들리지 않아야 아이도 붙잡아 주죠", 2012년 10월 23일자(http://news.naver.com/main/read.nhn?mode=LSD&mid=sec&sid1=102&oid=086&aid=0002129543, 2017. 3. 15. 최종 검색)

82) https://www.youtube.com/watch?v=cVnbIEkUXtc(2017. 4. 25. 최종검색).

83) 《라이프 성경사전》, p. 1060.

84) 존 맥아더, 앞의 책, p. 975, 마태복음 22장 21절에 대한 주석.

85) J. A. 모티어 외 45인, 앞의 책, p. 1584,

86) 참고로 이에 대해 존 맥아더 교수는 "정부가 성경에 명백하게 진술된 법을 거스르는 행동을 요구할 때만 신자는 복종하기를 거부할 수 있다"고 언급하고 있다(존 맥아더, 앞의 책, p. 1570, 베드로전서 2장 14절에 대한 주석).

87) 김영봉,《바늘귀를 통과한 부자》, p. 178.

88) 김영봉,《바늘귀를 통과한 부자》, pp. 180-181.

89) 김영봉,《바늘귀를 통과한 부자》, p. 193.

90) 배정훈, "유대교 율법주의 연구를 통한 바울에 관한 새 관점의 비판적 이해",《장신논단》제49권 제1호, 장로회신학대학교 기독교사상과 문화연구원, 2017, p. 150.

91) 이투데이, "국세청, 조세포탈범 33명·불성실 기부금단체 58개 명단 공개", 2016년 12월 8일자(http://www.etoday.co.kr/news/section/newsview.php?idxno=1424520, 2017년 5월 17일 최종검색); MBC 뉴스, "종교단체가 영수증 장사, 돈 받고 '허위 기부금' 남발", 2015년 12월 3일자(http://imnews.imbc.com/replay/2015/nwdesk/article/3829408_17821.html, 2017년 5월 17일 최종검색).

92) 대법원 2006. 4. 28. 선고 2005도756 판결과 항소심인 서울고등법원

2005. 1. 18. 선고 2003노3175 판결의 내용을 재구성하였다.
93) 대법원 2006. 4. 28. 선고 2005도756 판결.
94) 서울고등법원 2005. 1. 18. 선고 2003노3175 판결.
95) 김동호, 앞의 책, p. 115.
96) 최호윤, "목회자 처우와 목회 활동비의 기준에 대한 실제적 접근", 《목회자 처우, 공과 사의 구분이 가능한가》, 교회재정건강성운동, 2015, p. 19.
97) 소속 교인들이 교회 재산을 공동으로 소유하는 것을 '총유'라고 하며, 교회 재산의 관리와 처분은 그 교회의 정관 기타 규약에 의하여야 하고, 그것이 없는 경우에는 그 소속교회 교인들 총회의 과반수 결의에 의하여야 한다(민법 제275조, 276조, 대법원 2006. 4. 28. 선고 2005도756 판결 등).
98) 대법원 2006. 4. 28. 선고 2005도756 판결.
99) 대법원 2006. 4. 28. 선고 2005도756 판결.
100) 나이영, "한기총 금권선거 논란에서 '한국 교회연합' 출범까지", 《기독교사상》, 대한기독교서회, 2012, p. 219.
101) 동아일보, "한기총, 길자연 목사 체제로 가닥", 2011년 6월 2일자(http://news.donga.com/3/all/20110602/37716042/1, 2017. 3. 15. 최종 검색).
102) 김영봉, 《바늘귀를 통과한 부자》, p. 178.
103) 기독교 윤리실천운동, "교단선거법 개정이 필요합니다 - 교단선거법 개정안 소개", 2014, p. 2(http://www.jhome.cemk.org/2008/bbs/board.php?bo_table=2007_data_cemk&wr_id=356&page=4&page=4, 2017년 5월 17일 최종검색).
104) 뉴스앤조이, "한기총 '집 떠난 교단들 돌아오라'", 2017년 4월 3일자 (http://www.newsnjoy.or.kr/news/articleView.html?idxno=210063, 2017년 5월 16일 최종검색).
105) 매일경제, "이영훈 한기총 대표회장 '한기총 회장, 선거 대신 순번제로'", 2017년 1월 19일자(http://news.mk.co.kr/newsRead.php?

no=46635&year=2017, 2017년 5월 16일 최종검색).

106) 서울경제, [다시 국가 개조다] "'정부 안정성' 우간다 수준, 무원칙이 경제 좀 먹는다", 2017년 3월 19일자(http://www.sedaily.com/NewsView/1ODFL3U5PL, 2017년 5월 17일 최종검색).

107) 기독일보, [서충원 시론] "목사의 정치적 발언", 2016년 12월 8일자 (http://www.christiandaily.co.kr/news/%EC%84%9C%EC%B6%A9%EC%9B%90-%EC%8B%9C%EB%A1%A0-%EB%AA%A9%EC%82%AC%EC%9D%98-%EC%A0%95%EC%B9%98%EC%A0%81-%EB%B0%9C%EC%96%B8-72927.html, 2017년 5월 17일 최종검색), 뉴스앤조이, "왜 교회가 촛불을 두려워하는가?", 2008년 6월 10일자(http://www.newsnjoy.or.kr/news/articleView.html?idxno=25039, 2017년 5월 17일 최종검색).

108) 법률저널, "법조윤리시험 출제경향 및 수험대책", 2015년 8월 4일자 (http://www.lec.co.kr/news/articleView.html?idxno=37549, 2015년 5월 16일 최종검색).

109) 장유정, "직업윤리교육의 내실화 방안 연구: 도덕과 교육을 중심으로", 서울대학교 박사학위 논문, 2016, p. 32.

110) 법률신문, "대한변협, 구치소 '집사변호사' 혐의 10명 무더기 징계", 2017년 2월 14일자(https://www.lawtimes.co.kr/Legal-News/Legal-News-View?serial=108040, 2017년 5월 16일 최종검색).

111) 3년 과정의 신학대학원을 기준으로 하였다.

112) http://haksa.chongshin.ac.kr/RDview60/dw_Gang_view.jsp(2017년 5월 12일 최종검색).

113) 김승호, "신학대학원 성윤리 교육, 진단과 대책", 《신학대학원 성윤리 교육의 현실과 방향성' 포럼 자료집》, 교회개혁실천연대, 2016, p. 22, 문화일보, "'性폭력 사건' 잇달아도 신학대학원 65% 性윤리 교육 안 해", 2016년 4월 28일자(http://www.munhwa.com/news/view.html?no=2016042801072339173001 2017년 5월 12일 최종검색).

114) 김승호, 앞의 글, 2016, pp. 19-20.

115) 김애희, "신학대학원 성윤리 교육 실시 여부에 관한 실태조사 결과 보고", 《신학대학원 성윤리 교육의 현실과 방향성' 포럼 자료집》, 교회개혁실천연대, 2016, p. 10.
116) 박수웅, 《우리 엄마 아빠 됐어요!》, 두란노, 2008, pp. 81-82.
117) 대한변협신문, [사설] "준법지원인 제도, 견고하게 뿌리내려야", 2017년 5월 1일자(http://news.koreanbar.or.kr/news/articleView.html?idxno=16399, 2017년 5월 15일 최종 검색).
118) 존 비비어, 앞의 책, p. 182.
119) 존 비비어, 앞의 책, pp. 137-138.

과정 지향적인 하나님

1판 1쇄 인쇄 _ 2018년 11월 15일
1판 1쇄 발행 _ 2018년 11월 20일

지은이 _ 강두원
펴낸이 _ 이형규
펴낸곳 _ 쿰란출판사

주소 _ 서울특별시 종로구 이화장길 6
편집부 _ 745-1007, 745-1301~2, 747-1212, 743-1300
영업부 _ 747-1004, FAX 745-8490
본사평생전화번호 _ 0502-756-1004
홈페이지 _ http://www.qumran.co.kr
E-mail _ qrbooks@gmail.com / qrbooks@daum.net
한글인터넷주소 _ 쿰란, 쿰란출판사
등록 _ 제1-670호(1988.2.27)
책임교열 _ 김유미·신영미

© 강두원 2018 ISBN 979-11-6143-171-0 03230

책값은 뒤표지에 있습니다.
이 출판물은 저작권법에 의해 보호를 받는 저작물이므로 무단 복제할 수 없습니다.
파본(破本)은 구입처에서 교환해 드립니다.